A Histeria

teoria e clínica psicanalítica

Transmissão da Psicanálise
diretor: Marco Antonio Coutinho Jorge

J.-D. Nasio

A Histeria

teoria e clínica psicanalítica

Tradução:
Vera Ribeiro
Psicanalista

ZAHAR

Tradução autorizada da primeira edição francesa
publicada em 1990 por Éditions Rivages, de Paris, França,
na coleção Rivages/Psychanalyse dirigida por J.-D. Nasio

Título original
L'Hysterie ou l'enfant magnifique de la psychanalyse

CIP-Brasil. Catalogação na fonte
Sindicato Nacional dos Editores de Livros, RJ

Nasio, J.-D.
N211h A histeria: teoria clínica e psicanalítica / J.-D. Nasio; tradução, Vera Ribeiro. — 1ª ed. — Rio de Janeiro: Zahar, 1991.
(Coleção Transmissão da Psicanálise)

Tradução de: L'Hysterie ou l'enfant magnifique de la psychanalyse.
ISBN 978-85-7110-191-3

1. Histeria. 2. Psiconeuroses. I. Título. II. Série.

CDD: 616.8524
91-0530 CDU: 616.891.2

EDITORA SCHWARCZ S.A.
Praça Floriano, 19, sala 3001 — Cinelândia
20031-050 — Rio de Janeiro — RJ
Telefone: (21) 3993-7510
www.companhiadasletras.com.br
www.blogdacompanhia.com.br
facebook.com/editorazahar
instagram.com/editorazahar
twitter.com/editorazahar

Sumário

À memória de meu pai, médico.
Seus trabalhos como clínico e pesquisador
foram perpassados pelo desejo
de compreender o enigma do corpo,
que sabe dizer a verdade
daquilo que somos.

Abertura

''Para onde foram as histéricas de outrora, aquelas mulheres maravilhosas, as Annas O., as Doras...'',[1] todas aquelas mulheres que se tornaram as figuras matriciais de nossa psicanálise? Foi graças a sua fala que Freud, escutando-as, descobriu uma modalidade inteiramente nova da relação humana. Mas a histeria de antanho não apenas deu origem à psicanálise, como sobretudo marcou com um selo indelével a teoria e a prática psicanalíticas de hoje. A maneira de pensar dos psicanalistas atuais e a técnica por eles aplicada continuam a ser, à parte as mudanças inevitáveis, um pensamento e uma técnica intimamente ligados ao tratamento do sofrimento histérico. A psicanálise e a histeria continuam tão indissociáveis que a terapêutica analítica é regida por um princípio fundamental: para tratar e curar a histeria, é preciso criar artificialmente outra histeria. Decididamente, o tratamento analítico de qualquer neurose não é outra coisa senão a instauração artificial de uma neurose histérica e sua resolução final. Quando, ao término da análise, essa nova neurose artificial, integralmente criada entre o paciente e seu psicanalista, é superada, conseguimos resolver igualmente a neurose inicial que motivou a análise.

As histéricas de outrora, portanto, caíram de moda, e seu sofrimento hoje se oferece sob outras faces, outras formas clínicas mais discretas, menos espetaculares, talvez, que as da antiga Salpêtrière. O histérico do final do século XIX e o histérico moderno vivem, cada qual a sua maneira, um sofrimento diferente, mas a explicação que a psicanálise propõe para dar conta da causa desses sofrimentos essencialmente não variou. A teoria psicanalítica por certo se transformou singularmente desde seus primórdios, mas sua concepção sobre a origem da histeria continua fundamentalmente inalterada. Ora, qual é essa origem? Qual é a teoria freudiana da causalidade psíquica da histeria? Ou, mais simplesmente, como é que se fica histérico? E, em nos tornando histéricos, como é que nos curamos disso? São essas as indagações que faremos nossas neste livro.

A FACE DA HISTERIA NA ANÁLISE

Antes de enveredarmos pela resposta a nossas interrogações iniciais, esbocemos agora a face clínica da histeria moderna. Ela nos surge de duas maneiras distintas, conforme o tipo de olhar que lhe dirijamos. Com efeito, podemos contemplá-la de um ponto de vista descritivo, a partir dos sintomas observáveis, caso em que a histeria se apresenta como uma entidade clínica definida; ou encará-la de um ponto de vista relacional, e assim conceber a histeria como um vínculo doentio do neurótico com outrem e, particularmente no caso da análise, com esse outro que é o psicanalista.

Se nos situarmos inicialmente no lugar de um observador externo, reconheceremos na histeria uma neurose geralmente latente que, na maioria das vezes, eclode por ocasião de acontecimentos marcantes ou em períodos críticos da vida de um sujeito, como, por exemplo, na adolescência. Essa neurose se manifesta sob a forma de distúrbios diversificados e amiúde passageiros, dentre os quais os mais clássicos são sintomas somáticos como as perturbações da motricidade (contraturas musculares, dificuldades da marcha, paralisias dos membros, paralisias faciais etc.), os distúrbios da sensibilidade (dores localizadas, enxaquecas, anestesias de uma região limitada do corpo etc.), e os distúrbios sensoriais (cegueira, surdez, afonia etc.). Encontramos também um conjunto de afecções mais específicas, que vão desde as insônias e desmaios benignos até as alterações da consciência, da memória ou da inteligência (ausências, amnésias etc.), chegando a estados graves de pseudocoma. Todas essas manifestações de que o histérico sofre, e em particular os sintomas somáticos, caracterizam-se por uma marca absolutamente distintiva: em sua maioria, elas são transitórias, não resultam de nenhuma causa orgânica e, em sua localização corporal, não obedecem a nenhuma lei da anatomia ou da fisiologia do corpo. Mais adiante, veremos como todos esses sofrimentos somáticos dependem, ao contrário, de uma outra anatomia, eminentemente fantasística, que age sem o conhecimento do paciente.

Outro traço clínico da histeria, ao qual voltaremos com muita freqüência, concerne também ao corpo, mas compreendido como corpo sexuado. O corpo do histérico realmente sofre por se dividir entre a parte genital, surpreendentemente anestesiada e atingida por fortes inibições sexuais (ejaculação precoce, frigidez, impotência, aversão sexual etc.) e todo o resto não-genital do corpo, que, paradoxalmente, aparece muito erotizado e sujeito a excitações sexuais permanentes.

•

Troquemos agora de lugar e nos instalemos no ponto de vista relacional, o que é adotado pelo psicanalista comprometido com o trabalho da escuta. Sua concepção da histeria construiu-se não somente através do ensino teórico das obras de psicanálise, mas sobretudo a partir da experiência da transferência com o chamado analisando histérico e, em termos mais gerais — grifemos bem isso —, com o conjunto de seus pacientes. Sim, com o conjunto de seus pacientes, porque todos os pacientes em análise atravessam inevitavelmente uma fase de histericização, no momento em que se instala a neurose de transferência com o psicanalista. Exatamente o quê aprendemos com nossos pacientes sobre a histeria? Este livro por certo pretende ser uma longa resposta a essa pergunta. Mas, por enquanto, detenhamo-nos nisto: qual é a face da histeria na análise?

De nosso lugar transferencial, constatamos três estados, ou ainda, três posições permanentes e duradouras do eu histérico. Além da multiplicidade dos acontecimentos que se sucedem no curso de uma análise e aquém das palavras, afetos e silêncios, efetivamente reconhecemos três estados próprios do eu que resumem, por eles mesmos, a face específica da histeria na análise. Há um primeiro estado, passivo, por assim dizer, em que o eu está constantemente à espera de receber do Outro, não a satisfação que plenifica, mas, curiosamente, a não-resposta que frustra. Essa expectativa desapontada, sempre difícil de administrar pelo psicanalista, desemboca na perpétua insatisfação e no descontentamento de que tão freqüentemente se queixa o neurótico. O primeiro estado, portanto, é o de um *eu insatisfeito*. Uma outra posição tipicamente histérica, identificável na análise, é também um estado do eu, mas antes, o estado ativo de um eu que histericiza, isto é, que transforma a realidade concreta do espaço analítico numa realidade fantasística de conteúdo sexual. Logo precisaremos em que consiste essa transformação e que sentido dar ao qualificativo "sexual", mas desde já podemos afirmar que o eu histérico erotiza o lugar da análise. Segundo estado, portanto: o de um *eu histericizante*. Existe ainda uma terceira posição subjetiva do histérico, caracterizada pela tristeza de seu eu quando ele finalmente tem que enfrentar a única verdade de seu ser: não saber se é homem ou mulher. Assim, o terceiro estado é o de um *eu tristeza*. Detenhamo-nos por um instante em cada um desses estados do eu.

Um eu insatisfeito

Para a psicanálise, a histeria não é, como se costuma acreditar, uma doença que afeta um indivíduo, mas o estado doentio de uma relação humana que assujeita uma pessoa a outra. A histeria é, antes de mais nada, o nome que damos ao laço e aos nós que o neurótico tece em sua relação com os outros a partir de suas fantasias. Formulemos isso com clareza: o histérico, como qualquer sujeito neurótico, é aquele que, sem ter conhecimento disso, impõe na relação afetiva com o outro a lógica doentia de sua fantasia inconsciente. Uma fantasia em que ele desempenha o papel de uma vítima infeliz e constantemente insatisfeita. É precisamente esse estado fantasístico de insatisfação que marca e domina toda a vida do neurótico.

Mas, por que fantasiar e vivenciar a insatisfação, quando, em princípio, são a felicidade e o prazer que procuraríamos alcançar? A razão é clara: o histérico é fundamentalmente um ser de medo que, para atenuar sua angústia, não encontrou outro recurso senão manter incessantemente, em suas fantasias e em sua vida, o doloroso estado de insatisfação. Enquanto eu estiver insatisfeito, diria ele, ficarei protegido do perigo que me espreita. Mas, de que perigo se trata? De que o histérico tem medo? Que teme ele? Há apenas um perigo essencial que o ameaça, um perigo absoluto, puro, sem imagem nem figura, mais pressentido do que definido, a saber, o perigo de viver a satisfação de um gozo máximo. Um gozo tal que, se o vivesse, ele o faria enlouquecer, dissolver-se ou desaparecer.

Pouco importa que ele imagine esse gozo máximo como o gozo do incesto, o sofrimento da morte ou a dor da agonia; e pouco importa que imagine os riscos desse perigo sob a forma da loucura, da dissolução ou do aniquilamento de seu ser: o problema consiste em evitar a qualquer preço qualquer experiência que evoque de perto ou de longe um estado de plena e absoluta satisfação. Esse estado, de resto impossível, é pressentido pelo histérico, no entanto, como o perigo supremo de um dia ser arrebatado pelo êxtase e gozar até a derradeira morte. Em suma, o problema do histérico é, antes de mais nada, seu medo, um medo profundo e decisivo, jamais sentido, mas atuando em todos os níveis de seu ser; um medo concentrado num único perigo: o fato de gozar. São justamente o medo e a recusa obstinada a gozar que ocupam o centro da vida psíquica do neurótico histérico.

Pois bem, para afastar essa ameaça de um gozo maldito e temido, o histérico inventa inconscientemente um cenário fantasístico destinado a provar a si mesmo e ao mundo que só existe gozo insatisfeito. Sendo assim, como manter o descontentamento, a não ser criando a fantasia de um monstro, a quem chamamos Outro, ora forte e supremo, ora fraco e doente, sempre desproporcional e decepcionante em relação a nossas expectativas? Por isso, qualquer intercâmbio com o Outro conduz inexoravelmente à insatisfação. Por conseguinte, a realidade cotidiana do neurótico é moldada segundo o molde da fantasia, e as pessoas próximas a quem ama ou odeia desempenham, para ele, o papel de um Outro portador de insatisfação. O histérico trata seu semelhante, amado ou odiado, e mais particularmente seu parceiro psicanalista, da mesma maneira que trata o Outro de sua fantasia. E como é que se arranja? Ele procura — e sempre encontra! — os pontos em que seu semelhante é forte e abusa dessa força para humilhá-lo, e os pontos em que seu semelhante é fraco e, por essa fraqueza, suscita a compaixão. O histérico identifica em outrem, com uma percepção muito aguçada, o sinal de um poder humilhante que o torna infeliz, ou de uma impotência comovedora de que ele se apieda, mas que é incapaz de remediar. Em suma, quer se trate do poder do outro ou da falha no outro, seja com o Outro de sua fantasia ou com o outro de sua realidade, é sempre a insatisfação que o eu histérico faz questão de encontrar como sua melhor guardiã. O mundo da neurose, povoado de pesadelos, obstáculos e conflitos, torna-se assim a única barreira protetora contra o perigo absoluto do gozo.

Um eu histericizante

O histérico nunca percebe seus próprios objetos internos ou os objetos externos do mundo tal como são comumente percebidos, mas transforma sua realidade material numa realidade fantasiada: numa palavra, histericiza o mundo. Que quer dizer isso? Que significa histericizar?

Acabamos de ver que, para se certificar do estado de insatisfação, o histérico procura no outro o poder que o subjuga ou a impotência que o atrai e o desaponta. Dotado de aguda sensibilidade perceptiva, ele detecta no outro a menor falha, o menor sinal de fraqueza, o mais íntimo indício revelador de seu desejo. Mas, à semelhança de um olhar penetrante que não se contenta em varar e transpassar a aparência do outro para encontrar ali um ponto forte ou uma brecha, o histérico inventa e cria aquilo que percebe. Instala no corpo do outro um novo corpo, tão libidinalmente intenso e fantasístico quanto o é seu próprio corpo histérico. É que o corpo do histérico não é seu corpo real, mas um corpo-sensação-pura, aberto para o exterior como um animal vivo, uma espécie de ameba extremamente voraz que se estende para o outro, toca-o, desperta nele uma sensação intensa e dela se alimenta. Histericizar é fazer nascer no corpo do outro uma fornalha ardente de libido.

Modifiquemos agora nossos termos e sejamos ainda mais precisos na definição do conceito de histericização. Que é histericizar? Histericizar é erotizar uma expressão humana, seja ela qual for, embora, por si só, intimamente, ela não seja de natureza sexual. É exatamente isso o que faz o histérico: com toda a inocência, sem saber, ele sexualiza o que não é sexual; apropria-se, através do filtro de suas fantasias de conteúdo sexual — e das quais não necessariamente tem consciência —, de qualquer gesto, qualquer palavra ou qualquer silêncio que perceba no outro ou que dirija ao outro.

Ora, devemos trazer prontamente um esclarecimento, que será válido todas as vezes que utilizarmos neste livro a palavra "sexual". De que sexualidade se trata quando pensamos na histeria? Qual é o conteúdo dessas fantasias? Que queremos dizer ao afirmar que o histérico sexualiza? Esclareçamos desde já que o conteúdo sexual das fantasias histéricas nunca é vulgar nem pornográfico, e sim uma evocação muito longínqua e transfigurada dos gestos sexuais. Trata-se, propriamente falando, de fantasias sensuais, e não sexuais, cujo menor elemento anódino pode servir de desencadeador de um orgasmo auto-erótico.

De fato, convém entender que a sexualidade histérica não é, de modo algum, uma sexualidade genital, mas um simulacro de sexualidade, uma pseudogenitalidade mais próxima das apalpadelas masturbatórias e das brincadeiras sexuais infantis do que de um compromisso real no sentido da concretização de uma verdadeira relação sexual. Sexualizar o que não é sexual significa, para o histérico, transformar o mais anódino dos objetos num sinal evocador e promissor de uma *eventual* relação sexual. O histérico é um notável criador de sinais sexuais, que raramente são seguidos pelo ato sexual que anunciam. Seu único gozo, um gozo masturbatório, consiste em produzir esses sinais, que o fazem crer e levam o outro a crer que seu verdadeiro desejo é enveredar pelo caminho de um ato sexual consumado. E, no entanto, se há um desejo a que o histérico se atém é o de que esse ato fracasse; mais exatamente, ele se apega ao desejo inconsciente da não-realização do ato, e, por conseguinte, ao desejo de continuar como um ser insatisfeito.

O contexto habitual da análise, o divã, o ritual das sessões ou o tom particular da voz do psicanalista, bem como a ligação transferencial, constituem uma das condições mais favoráveis para instalar esse estado ativo de histericização. A fala do analisando, homem ou mulher — seja ele diagnosticado ou não como "histérico" —, pode, num dado momento da sessão, carregar-se de um sentido sexual, suscitar uma imagem fantasística e provocar efeitos erógenos no corpo, seja o corpo do psicanalista ou o do próprio analisando.

Tomemos o exemplo do relato de uma analisanda que nos mostra como um elemento anódino da realidade pode ser transformado num sinal erótico.

Exemplo de histericização. ❑ "Todas as vezes que ouço o clique da porta principal do prédio, quando o senhor a abre para mim, apoiando o dedo no botão do interfone, sinto seu dedo apoiar-se em minha pele na altura dos braços. E, nessa hora, rio de mim mesma. Na verdade, ri apenas na primeira vez em que isso me aconteceu; agora, não rio mais, sou tomada por minhas sensações. Todas as vezes que presto atenção ao mais leve movimento de outra pessoa, recebo-o na pele, sinto-o, sinto um calor no pescoço e no estômago. Até me acontece sentir como que uma excitação quando escuto o simples barulho da respiração de um homem perto de mim. Nesse momento, há alguma coisa que vem diretamente para o corpo, sem nenhuma barreira. Ao menor de seus ruídos, logo sinto uma sensação de prazer em minha pele. Sou muito sensível a seus movimentos, que repercutem na minha pele. Imagino o que se passa no senhor como se fosse a própria pele que o envolve. Sinto seus movimentos na minha pele porque sou sua pele." Após um silêncio, ela acrescenta: "Pensar e lhe dizer isso me tranqüiliza, e me dá um limite. É o raciocínio que é o limite."

Passemos agora ao terceiro estado do eu histérico, o eu tristeza.

•

Um eu tristeza

Podemos imaginar a que ponto, para histericizar a realidade, o eu histérico tem que ser maleável e capaz de se estirar, sem descontinuidade, desde o ponto mais íntimo de seu ser até a borda mais externa do mundo, e quão incerta se torna então a fronteira que separa os objetos internos dos objetos externos. Mas essa plasticidade singular do eu instala o histérico numa realidade confusa, meio real e meio fantasiada, onde se desenrola o jogo cruel e doloroso das identificações múltiplas e contraditórias com diversos personagens, e ao preço de ele permanecer estranho a sua própria identidade de ser e, mais particularmente, a sua identidade de ser sexuado. Assim, o histérico pode se identificar com o homem, com a mulher ou com o ponto de fratura de um casal, isto é, ele pode encarnar a própria insatisfação que aflige um casal. É muito freqüente constatar o quanto o sujeito adota, com surpreendente desenvoltura, tanto o papel do homem quanto o da mulher, mas, principalmente, o papel do terceiro personagem através de quem o conflito surge ou, ao contrário, graças a quem o conflito é aplacado. Quer o histérico desencadeie o conflito ou o elimine, seja ele homem ou mulher, ele ocupa invariavelmente o papel do excluído. É justamente o fato de ser rejeitado para esse lugar de excluído que explica a tristeza que tão freqüentemente acabrunha os histéricos. Eles criam uma situação conflituosa, encenam dramas, imiscuem-se nos conflitos e depois, uma vez baixado o pano, apercebem-se, com a dor da solidão, de que tudo não passou de um jogo do qual eles são a parte excluída. É nesses momentos de tristeza e depressão, tão característicos, que detectamos a identificação do histérico com o sofrimento próprio da insatisfação: o sujeito histérico já não é homem nem mulher, mas é agora a dor da insatisfação. E, com essa dor, fica na impossibilidade de se dizer homem ou mulher, de afirmar, muito simplesmente, a identidade de seu sexo. A tristeza do eu histério corresponde ao vazio e à incerteza de sua identidade sexuada.

•

Em suma, a face da histeria num tratamento analítico — e, além dele, em qualquer relação com outrem — apresenta-se como uma ligação insatisfatória, erotizante e triste, inteiramente polarizada em torno da recusa tenaz a gozar.

É oportuno esclarecer agora que essa recusa tenaz a gozar encontra-se igualmente na base das outras neuroses que são a obsessão e a fobia, mas segundo modalidades muito específicas. Quais são as modalidades obsessiva e fóbica da recusa que o neurótico opõe ao gozo? E, comparativamente, qual é a modalidade específica da recusa histérica? É o que abordaremos neste momento.

A diferença entre a histeria, a obsessão e a fobia

Para situar a histeria no quadro mais amplo das neuroses, e assim marcar sua especificidade ao lado dos outros dois grandes tipos clínicos, perguntemo-nos, antes de mais nada, o que é uma neurose em geral. A resposta, agora, está clara: a neurose é uma maneira ruim de nos defendermos, a maneira imprópria que inadvertidamente empregamos para nos opormos a um gozo inconsciente e perigoso. Se ficamos doentes, neuroticamente doentes, é justamente por procurarmos teimosamente nos defender de um gozo doloroso. E, ao fazê-lo, defendemo-nos mal. Defendemo-nos mal porque, para aplacar o caráter intolerável de uma dor, não tivemos outro recurso senão transformá-la no sofrimento neurótico (sintomas). Por fim, só fizemos substituir um gozo inconsciente, perigoso e irredutível por um sofrimento consciente, suportável e, em última instância, redutível. Assim, as três neuroses clássicas podem se definir segundo o modo particular que o eu tem de se defender. Existem, portanto, três maneiras — maneiras ruins, insisto — de lutar contra o gozo intolerável, e, por conseguinte, três modos diferentes de viver a própria neurose.

- Sofrer neuroticamente segundo o modo *obsessivo* é sofrer conscientemente no pensamento, isto é, *deslocar* o gozo inconsciente e intolerável para um sofrimento do pensar.

- Sofrer como *fóbico* é sofrer conscientemente com o mundo que nos cerca, isto é, *projetar* para fora, para o mundo externo, o gozo inconsciente e intolerável, e cristalizá-lo num elemento do ambiente externo, então transformado no objeto ameaçador da fobia.

• Por último, sofrer segundo o modo *histérico* é sofrer conscientemente no corpo, ou seja, *converter* o gozo inconsciente e intolerável num sofrimento corporal.

> Numa palavra, o gozo intolerável se converte em distúrbios do corpo na histeria, desloca-se para um desarranjo do pensamento na obsessão, e se expulsa, voltando imediatamente como um perigo externo, na fobia.

Adiantemos um último comentário, apoiando-nos numa frase esclarecedora de Freud: "Nossa terminologia das neuroses não é aplicável ao recalcado [gozo intolerável], que já não pode ser chamado histérico, nem obsessivo, nem paranóico." Como é fácil perceber, os adjetivos histérico, obsessivo ou fóbico não se aplicam à coisa inconsciente e recalcada, mas, na verdade, aos tipos de defesa utilizados pelo eu. A neurose continua a ser uma questão de defesa, e não uma questão do objeto contra o qual a defesa age. Se retomarmos nossa terminologia, poderemos concluir afirmando que não existe gozo neurótico, obsessivo ou de outra natureza: existem apenas modalidades neuróticas do eu para se defender.

AS CAUSAS DA HISTERIA

Nossa leitura da primeira teoria de Freud: a origem da histeria é o vestígio psíquico de um trauma

Voltemos agora a nossas perguntas do início: como nos tornamos histéricos, qual é a causa das manifestações histéricas? Qual é o mecanismo de formação de um sintoma histérico? Segundo a primeira teoria freudiana, a neurose histérica, como aliás qualquer neurose, é provocada pela ação patogênica de uma representação psíquica, de uma idéia parasita não consciente e intensamente carregada de afeto. Lembremos que, no final do século XIX, sob o impulso de Charcot e Janet, já estava estabelecida e relativamente bem aceita a tese que fazia da histeria uma "doença por representação". Também Freud enveredou por esse caminho, mas muito cedo se afastou dele, introduzindo várias modificações, dentre as quais a mais decisiva consistiu em considerar a idéia parasita, geradora do sintoma histérico, como uma idéia de conteúdo essencialmente sexual. Mas o que é essa idéia sexual? Como é possível que uma idéia inconsciente e sexual seja capaz, por si só, de provocar uma afonia, por exemplo, uma bulimia, ou então uma frigidez? Para responder, seguiremos passo a passo o processo que se inaugura com o aparecimento dessa representação sexual inconsciente, e que termina com o aparecimento de um sintoma histérico no paciente.

No início de sua obra, Freud estava convencido — mudaria de opinião posteriormente — de que o doente histérico havia sofrido, durante sua infância, uma experiência traumática. Apanhada desprevenida, a criança fora a vítima impotente de uma sedução sexual efetuada por um adulto. A violência desse acontecimento residia na irrupção intempestiva, na criança, de uma emoção sexual excessiva, que a inundava e da qual ela não tinha nenhuma consciência. A criança, ser imaturo, ficava petrificada e sem voz; não tinha tempo de compreender o que lhe havia acontecido nem de experimentar a angústia que lhe seria própria se tomasse consciência de uma emoção tão brutal. A violência do trauma consistia na emergência de uma superabundância de afeto sexual, não sentido na consciência, mas inconscientemente recebido. Trauma quer dizer excesso de afeto inconsciente na ausência da angústia necessária, que, no momento do incidente, teria permitido ao eu da criança amortecer-se e suportar a tensão excessiva. Se houve trauma, foi justamente porque a angústia — que deveria ter surgido — faltou. A partir daí instala-se no inconsciente da criança um excesso de tensão inassimilável e errante, que não consegue descarregar-se sob a forma de um grito de socorro, por exemplo, ou de uma ação motora de fuga. Esse excedente de afeto passa então a subsistir no eu à maneira de um cisto, ali constituindo o núcleo mórbido que é gerador dos futuros sintomas histéricos. A excitação brutal expressa pelo ato sedutor do adulto introduziu no seio do eu uma energia que, transferida do exterior para o interior, aí se fecha sob a forma de uma intensa tensão sexual à deriva. Podemos reconhecer nesse excesso de afeto sexual o equivalente de um orgasmo inconsciente num ser imaturo. Assim, é compreensível que o trauma deixe de ser um acontecimento externo, convertendo-se num violento desarranjo interno alojado no eu.

Pois bem, há ainda um outro aspecto do trauma que nos convém esclarecer. O trauma psíquico não é apenas um excesso de tensão errante, mas é também uma imagem superativada por esse excesso de energia sexual acumulada. O vestígio psíquico do trauma, que agora chamaremos "representação intolerável", comporta, pois, dois elementos inconscientes: uma sobrecarga de afeto e uma imagem superativada. Acabamos de ver como surge a carga sexual; indaguemo-nos agora como surge a imagem. Para isso, é preciso compreender, inicialmente, que o eu da criança que é um futuro histérico, sobre o qual incidirá o impacto traumático da sedução, é uma superfície psíquica feita de diferentes imagens corporais, organizadas como um corpo imaginário, verdadeira caricatura do corpo anatômico. Assim, o eu histérico é um corpo composto à maneira de um traje de arlequim, onde cada losango da roupa corresponde à imagem deformada de um órgão particular, de um membro, de um orifício ou de qualquer outra parte anatômica. No momento do trauma, o impacto da sedução destaca um desses losangos, toca pontualmente numa dessas imagens — justamente na que corresponde à parte corporal que entrou em jogo por ocasião do acidente traumático. O excedente de tensão psíquica concentra-se então nessa imagem e a investe a tal ponto que ela acaba por se dessolidarizar do resto das outras imagens do corpo imaginário, ou, o que dá na mesma, por se dessolidarizar do eu histérico. Precisamente, o que chamamos representação inconsciente ou idéia parasita, ao qualificar a histeria de "doença por representação", é justamente essa imagem inconsciente, desligada do corpo imaginário (o eu), remetendo à parte do corpo implicada na cena traumática, e altamente investida de uma carga sexual. Um detalhe, uma postura do corpo do adulto sedutor ou do corpo da criança seduzida, um odor, uma luz, um ruído: todas essas formas podem constituir o conteúdo imaginário da representação inscrita no inconsciente e na qual vem se fixar o excesso de afeto sexual.

Eu gostaria ainda de insistir no elemento essencial do trauma. O que convém guardar bem é o seguinte: o trauma de que a criança sofre não é a agressão externa, mas o vestígio psíquico deixado pela agressão; não é a natureza do impacto que importa, mas a marca que resulta dele, impressa na superfície do eu. É essa impressão, essa imagem altamente investida de afeto, isolada, penosa para o eu, que deve ser considerada a fonte do sintoma histérico, e até mesmo, em termos mais genéricos, a origem de qualquer sintoma neurótico, seja qual for.

O trauma se deslocou. Havíamos começado evocando um incidente traumático externo à criança, e agora deparamos com a mesma violência da irrupção encravada no interior do eu, sob a forma de uma representação inconsciente, sobrecarregada de energia sexual e fonte de uma dor intolerável para o eu. Sublinhemos: a causa da histeria não é um acidente mecânico externo e datável na história do paciente, mas o vestígio psíquico superinvestido de afeto; não é o fato em si da sedução que atua, mas a representação psíquica que constitui seu traço vivo.

•

A histeria é provocada por uma defesa imprópria do eu: o recalcamento

Agora se impõe a nós uma nova questão: qual é o destino da sobrecarga que investe a representação errante? De que modo o eu se desvencilha dela? E, acima de tudo, por que a representação sobrecarregada é a origem mórbida de distúrbios histéricos? A resposta a essas perguntas é decisiva para compreender uma das grandes teses freudianas da etiologia da histeria. Segundo Freud, a neurose histérica é provocada pela inabilidade com que o eu pretende neutralizar o parasita interno que é a representação sexual intolerável. É curioso ver que a representação intolerável, paradoxalmente, adquire seu verdadeiro poder patogênico ao ser atacada por um eu que se debate. Embora já estivesse isolada pelo peso de sua sobrecarga, o eu passa a acentuar seu isolamento até levar a tensão a seu paroxismo. Quanto mais o eu ataca a representação, mais a isola. Ora, foi exatamente a esse sobressalto defensivo do eu que Freud chamou "recalcamento". Freud insistiu tanto na noção de recalcamento que é freqüente esquecermos isto: "recalcar" significa, antes de mais nada, "isolar". É pelo fato de a citada representação ter sido fundamentalmente separada das outras representações organizadas da vida psíquica que ela se torna radicalmente intolerável, e que preserva no seio do eu uma atividade patogênica inextingüível. Enquanto essa representação dolorosa é mantida a distância — ou seja, permanece recalcada —, o eu conserva em si um trauma psíquico interno e latente.

Friso que o que adoece o histérico não é tanto o vestígio psíquico do trauma, mas o fato de esse vestígio, sob a pressão do recalcamento, ser sobrecarregado de um excedente de afeto que em vão pretende se escoar. O impulso essencial da histeria, portanto, consiste no conflito entre uma representação portadora de um excesso de afeto, por um lado, e por outro, uma defesa infeliz — o recalcamento — que torna a representação ainda mais virulenta. Quanto mais o recalcamento se encarniça contra a representação, mais ele a isola e a torna perigosa. Assim, o eu se esgota e se enfraquece num combate inútil, que produz o efeito inverso da meta buscada. O recalcamento é uma defesa tão inadequada que podemos considerá-lo tão malsão para o eu quanto a representação patogênica que ele pretende neutralizar.

O papel da defesa na etiologia da histeria foi tão determinante para Freud que ele denominou a histeria de "histeria de defesa" (poderíamos também dizer "histeria de recalcamento"). Veremos, dentro em pouco, que Freud não ficou nesse ponto, e propôs uma nova denominação: "histeria de conversão".

•

A histeria é provocada pelo fracasso do recalcamento: a conversão

Estamos, pois, na presença de um conflito no cerne do eu, entre, de um lado, uma representação sobrecarregada que procura liberar seu excedente de energia, e de outro, a pressão constante do recalcamento, que, isolando a representação, impede-a de escoar sua sobrecarga. Qual será a resolução desse conflito? A rigor, não há uma solução radical, isto é, não há um escoamento liberador, mas apenas soluções de compromisso, todas elas consistindo no investimento de outras representações menos perigosas do que a representação intolerável. Trata-se, portanto, de um deslocamento de energia; para sermos mais exatos, deveríamos dizer que se trata de uma transformação da energia de um estado primário num estado secundário. A fim de desarticular o recalcamento, o excesso de energia passa de seu estado primário — a sobrecarga de uma representação intolerável — para o outro estado de carga constituído pelo sofrimento corporal. Portanto, a carga se transforma, mas nem por isso deixa de ser um excesso de energia de efeitos mórbidos.

Ora, esse conflito "sobrecarga/recalcamento", que delimitamos no intuito de compreender o mecanismo da histeria, situa-se, na realidade, na base de todas as neuroses. A especificidade de cada tipo de neurose — obsessão, fobia e histeria — depende das modalidades do resultado final do conflito. Teremos uma neurose diferente conforme o tipo de representação que a sobrecarga acabe investindo depois de abandonar a representação intolerável. Expliquemo-nos. O resultado do conflito é decidido segundo o esquema de transformação da energia em dois estados distintos. Continuamos a ter a sobrecarga energética em sua natureza de excesso, mas essa sobrecarga adota dois estados diferentes e sucessivos: o estado primário corresponde ao momento em que ela investe a representação intolerável (cena traumática); e o estado secundário corresponde ao momento em que ela investe uma representação qualquer, pertencente ao pensamento (obsessão), ao mundo externo (fobia) ou ao corpo (histeria). Assim, mesmo conservando sua natureza de excesso, a sobrecarga pode se mobilizar, contornando o recalcamento de três maneiras possíveis, ou, se preferirmos, provocando três malogros do recalcamento, que acabam sendo três soluções precárias, já que cada uma delas dá lugar a um sintoma neurótico que faz sofrer.

Obsessão

O primeiro resultado possível consiste num deslocamento da carga, que abandona a representação dolorosa para se instalar no pensamento e superinvestir uma idéia consciente, que se torna invasiva na vida do neurótico. Reconhecemos aí o mecanismo de formação da idéia fixa obsessiva.

Fobia

O segundo resultado corresponde ao caso da neurose fóbica. A carga também deixa a representação, mas, em vez de se instalar imediatamente num elemento do pensamento, como acontece na obsessão, ela fica inicialmente livre, sem ligações, à espera dentro do eu. A carga assim disponível e flutuante é então projetada no mundo externo, fixando-se num elemento definido (a multidão, um animal, um espaço fechado, um túnel etc.), transformado, a partir daí, no objeto de que o fóbico tem que fugir para evitar o aparecimento da angústia.

O sofrimento do sintoma de conversão é o equivalente de uma satisfação masturbatória

Conversão

O terceiro resultado que desarticula o recalcamento, o que nos interessa aqui, consiste na transformação da carga sexual excessiva num influxo nervoso igualmente excessivo, que, agindo como excitante ou como inibidor, provoca um sofrimento somático. Assim, a conversão se define, do ponto de vista econômico, como a transformação de um excesso constante de energia que passa do estado psíquico para o estado somático. Esse salto do psíquico para o somático, que ainda hoje continua a ser uma interrogação em aberto,[2] poderia ser descrito da seguinte maneira: a sobrecarga energética deixa os grilhões da representação intolerável, conserva sua natureza de excesso e ressurge transformada em sofrimento corporal, seja sob a forma de uma hipersensibilidade dolorosa, seja, ao contrário, sob a forma de uma inibição sensorial ou motora. Dado que o excesso de energia que passa do psíquico para o físico permanece constante — isto é, continua desproporcional —, podemos admitir que o sofrimento de um sintoma somático é uma energia equivalente à energia de excitação do trauma inicial, ou, mais exatamente, equivalente ao excesso de afeto sexual que comparamos anteriormente a um orgasmo.

Essa permanência de um mesmo excesso de energia, portanto, é o que justificaria o sentimento do psicanalista quando, diante das manifestações somáticas de natureza histérica, passa a reconhecer nelas a expressão substituta de um orgasmo sexual. Mais exatamente, de um orgasmo obtido através da masturbação, pois não nos esqueçamos de que a sexualidade do histérico permanece essencialmente como uma sexualidade infantil. O rubor súbito que surge no pescoço de determinado paciente histérico no final de uma sessão pode ser considerado, do ponto de vista psicanalítico, o equivalente cutâneo de um orgasmo. Os vômitos atípicos, a enurese na criança, uma crise de choro, uma afonia ou uma paralisia histérica do andar passam a constituir, definitivamente, a maneira deturpada e neurótica de que a histeria dispõe para viver sua sexualidade infantil. Os sintomas conversivos, portanto, devem ser tomados como equivalentes corporais de satisfações masturbatórias infantis.

Assim, dos três fracassos do recalcamento, que incluem o *fracasso por deslocamento* da sobrecarga de uma representação para uma idéia, na neurose obsessiva, e o *fracasso por projeção* da sobrecarga do interior psíquico para o mundo externo, na neurose fóbica, o *fracasso por conversão* da sobrecarga num sintoma somático constitui o mecanismo particular da histeria. A antiga designação de "histeria de defesa" foi substituída por Freud, a partir daí, pela expressão "histeria de conversão".

•

A escolha do órgão que é sede da conversão

Ficou claro que, para levar ao fracasso e para contornar a pressão do recalcamento, a sobrecarga tem que descobrir essa saída conversiva no corporal e investir um órgão preciso. Mas, então, como se efetua a escolha desse órgão? Como é que a carga irrompe mais numa dada zona corporal do que em outra? Justamente, a região somática afetada pelo sintoma conversivo corresponde à parte do corpo outrora afetada pelo trauma, e assim transformada numa imagem determinada. Na conversão, a carga energética abandona a imagem inconsciente para "energizar" o órgão do qual essa imagem é reflexo. Assim, a escolha da sede somática da conversão é explicada, muito esquematicamente, segundo a seguinte seqüência: *parte do corpo percebida na cena traumática (o braço, por exemplo) → imagem inconsciente de um braço → paralisia conversiva do braço.* Naturalmente, esses três estados sucessivos do corpo — corpo percebido, corpo em imagem e corpo sofredor — nem sempre se referem unicamente ao corpo de uma mesma pessoa. A zona corporal percebida na ocasião do trauma pode igualmente pertencer ao corpo da criança, do adulto sedutor ou até de uma testemunha da cena. É que o essencial não é saber a quem pertence o corpo, mas a parte do corpo que, no momento do trauma, foi mais intensamente percebida pela criança, isto é, com maior pregnância. Se, por exemplo, na cena traumática de sedução, ouvem-se os gritos indignados de uma testemunha — tomemos o caso de uma mãe horrorizada que surpreenda as apalpadelas do padrasto no corpo de sua filha —, o sintoma somático de conversão assume a forma de uma inibição da voz (afonia) que, mais tarde, atinge a filha transformada em histérica. Os gritos da mãe, percebidos e inscritos no inconsciente da criança, ressurgem nela posteriormente como uma perda de sua voz. A histérica atualiza no corpo (afonia) a marca psíquica impressa pelo corpo do outro (os gritos da mãe).

•

Se resumirmos os dois aspectos essenciais da conversão que acabamos de considerar — a constância do excesso de energia que passa do estado sexual-psíquico para o estado de sofrimento somático, e a persistência de uma zona do corpo que passa do estado de imagem inconsciente para o estado de órgão conversivo —, compreenderemos a que ponto a solução conversiva é precária e inadequada. A energia efetivamente muda de sistema, mas o sujeito continua a sofrer, porque o motivo de seu sofrimento não variou. Seja no nível psíquico, seja no nível do corpo, ele sofre por ser habitado por um excesso inassimilável e irredutível. A conversão é uma solução ruim porque não resolve a dificuldade principal que causa a histeria, a saber, o encerramento do excesso de carga energética num elemento isolado e desvinculado do conjunto, seja esse elemento uma representação psíquica ou uma zona corporal conversiva. A saída da conversão, de fato, continua a ser uma solução precária, pois o problema da incompatibilidade permanece intacto: antes, havia a incompatibilidade da representação com o conjunto das representações constitutivas do eu do histérico; agora, ela se transformou na incompatibilidade de um sofrimento somático que não obedece às leis do corpo real.

Mas uma questão se impõe de imediato: já que a conversão não é uma boa solução, haveria outra maneira mais adequada de tratar o excesso? Haveria outra solução que não uma mudança de estado no correr da qual, como vimos, o excesso continua a ser sempre um excesso? Sim, ela consistiria em repartir e distribuir esse excesso numa multiplicidade de representações, em coletivizar o excesso — em suma, em esvaziá-lo através de sua disseminação. Mas, como? É nesse ponto que devemos introduzir a escuta do psicanalista, considerada, justamente, como uma disseminação do excesso e uma via possível para curar o sujeito do irreconciliável.

•

O sintoma de conversão desaparece ao adquirir um valor simbólico: o que é produzido pela escuta do psicanalista

É porque alguém me escuta e quer descobrir o enigma dos mal-estares de meu corpo que esses mal-estares adquirem um sentido em minha história; assim, um dia talvez possam desaparecer.

Já que a conversão, dizíamos, não é a boa solução, como tratar o excesso e curar o histérico do irreconciliável que o parasita? Partimos da seguinte hipótese: a escuta e a interpretação do psicanalista funcionam como um eu simbólico, isto é, como um conjunto de representações. Trata-se de um eu capaz de acolher a representação irreconciliável que o eu histérico recalca, e de neutralizar, assim, a sobrecarga mórbida, distribuindo-a entre o conjunto de suas próprias representações. A escuta do analista integra e dissipa aquilo que o histérico recalca e concentra. Por isso é que o sujeito se cura do irreconciliável e o sintoma conversivo pode desaparecer. Aqui formulamos estritamente, e com as palavras do vocabulário energético, o princípio geral que reza que o sintoma conversivo se esfuma ao assumir o valor simbólico que lhe conferem a escuta e a interpretação do psicanalista. O fato de um sintoma adquirir valor simbólico e ter uma possibilidade de desaparecer significa que a representação irreconciliável de que esse sintoma é substituto pôde ser integrada no sistema de representações da escuta analítica, e que sua sobrecarga pôde ser disseminada. Fazemos aqui uma mesma afirmação, formulada de acordo com duas expressões diferentes, uma energética e outra simbólica. Dizer que a representação irreconciliável se integra no cerne do eu da escuta equivale a dizer que a escuta do analista dá um sentido simbólico ao sintoma conversivo e o faz desaparecer. Portanto, a escuta analítica opera tanto no registro energético quanto no simbólico.

Ora, como estamos vendo, o sintoma conversivo só terá significação simbólica e só desaparecerá mediante uma única e exclusiva condição:

que seja dito pelo paciente e acolhido por uma escuta — não uma escuta reveladora de um sentido velado e já presente, mas uma escuta geradora de um novo sentido. Mas, como admitir que a escuta silenciosa do analista, aparentemente passiva, seja capaz, por si só, de gerar sentido, e que a geração desse sentido faça desaparecer o sintoma? A escuta efetivamente terá o poder de gerar um sentido novo se for a escuta de um psicanalista habitado por um desejo oco, pronto para receber o impacto de um dito sintomático. Entendamo-nos: não basta que o paciente nomeie seu sintoma conversivo e fale dele com outrem para que ele adquira sentido. É preciso, além disso, que a escuta que recebe esse dito seja uma escuta transferencial, isto é, a escuta de um terapeuta que deseje entrar na psique do paciente a ponto de encarnar ali o excesso irredutível, de se fazer o núcleo do sofrimento. Quando ele consegue isso, ou seja, quando seu desejo de analista está presente, identificado com a causa do sofrimento, então o psicanalista é levado a proferir a interpretação ou a fazê-la surgir indiretamente na fala do analisando. Será preciso, antes de mais nada, que o analista se identifique com o excesso inassimilável, isto é, que se torne a própria energia, para que se veja levado a dizer a interpretação. Para descobrir a boa interpretação, não há nenhuma necessidade de buscá-la nos livros nem no trabalho do pensamento: ela surgirá de improviso, se o clínico tiver sabido, inicialmente, alojar-se no centro do núcleo psíquico do excesso. Identifiquem-se com o núcleo do sofrimento e a interpretação brotará; e, quando advier, ela se oferecerá como um substituto da representação intolerável que é radicalmente diferente do outro substituto em que consistia o sintoma conversivo.

Antes da escuta, a representação irreconciliável era dita, por intermédio da conversão, pelo sintoma, e isso fazia sofrer; com a escuta, a mesma representação é dita pela interpretação, e isso dissipa o sofrimento. Por quê? Porque o analista, ao dizer a representação irreconciliável através da interpretação, logra que o excesso de que a representação é portadora se dissemine pela família de representações encarnada pela escuta analítica (eu simbólico). No eu do histérico, esgotado e doente por querer em vão recalcar, enxerto, na qualidade de psicanalista, meu desejo de ser o sofrimento do sintoma; e, graças à interpretação, torno conciliável a representação até então irreconciliável. Por isso o sintoma se torna compatível com o restante do corpo, ou seja, é levado a desaparecer. Aceito com minha escuta, isto é, com meu inconsciente, integrar aquilo que o eu histérico rejeita. Basta esse desejo do analista, mesmo silencioso e tácito, para que a escuta vivifique o sintoma com um valor simbólico e, por conseguinte... faça-o desaparecer. Sim, a escuta confere um sentido, e o sentido mata o sintoma porque o "vulgariza", porque o banaliza e o leva a tomar um lugar entre outros acontecimentos na constelação dos acontecimentos da vida psíquica do sujeito. Enquanto não é escutado, o sintoma persiste como um espinho que faz sofrer, por ser inassimilável; mas é preciso que a escuta o torne significativo para que o sofrimento se amenize e o sintoma acabe por se dissolver.

Em suma, tudo se passa como se a escuta do psicanalista funcionasse na qualidade de uma família de representações que acolhe a representação irreconciliável até então recalcada pelo eu histérico. Assim, o excesso da sobrecarga se distribui entre os diferentes membros da família auxiliar que é o eu simbólico que faz as vezes da escuta. Por isso, a resolução do excesso de afeto é feita graças à dispersão e à dissipação da energia por entre as representações do conjunto que é o eu da escuta. Liberta da sobrecarga e homologada a outras representações irmãs, a representação antes irreconciliável, e agora aplacada, pode finalmente reintegrar-se no eu que a tinha rejeitado. Assim, a escuta analítica funciona como um relé por intermédio do qual a representação irreconciliável torna-se conciliável; um relé entre um eu adoecido, que recalca, e um novo eu, antes histérico, que doravante aceita. Estruturalmente falando, o conjunto recalcador das representações — o chamado *eu histérico* —, o conjunto acolhedor das representações — o chamado *eu simbólico*, ou seja, a escuta psicanalítica — e o conjunto das representações de um *novo eu*, que agora aceita, constituem, dentro do contexto da transferência, três conjuntos superponíveis. Esses conjuntos se fundem numa mesma e única estrutura chamada inconsciente, um inconsciente que não pertence nem a um nem a outro dos parceiros analíticos.

Nossa leitura da segunda teoria de Freud: a origem da histeria é uma fantasia inconsciente

O interesse de quem estuda a histeria logo se desvia dos sintomas para se voltar para as fantasias de que eles resultam.

S. Freud

Antes de prosseguir, formulemo-nos desde logo a questão: será que essa teoria, que acabamos de desenvolver a partir de nossa leitura das primeiras formulações de Freud, continua a ser atual? Continua a nos ser útil no trabalho com nossos pacientes? Hoje em dia, quando um psicanalista se vê diante de um sintoma histérico de conversão — um problema somático como os que se apresentam freqüentemente no correr da análise, tais como uma crise de urticária, por exemplo, ou vertigens na criança —, será que esse psicanalista pensa nos termos que acabamos de empregar? Sem hesitação, respondo afirmativamente. A teoria da conversão, tal como a interpretamos, continua, a nosso ver, extremamente atual. Mais atual ainda quando a pensamos a partir da modificação introduzida por Freud em 1900: a origem da histeria é uma fantasia inconsciente, e não mais uma representação. E o que se converte é uma angústia fantasística, e não mais uma sobrecarga da representação.

De fato, Freud considerou que já não era necessário, para explicar o aparecimento de um sintoma de conversão, descobrir um evento traumático real na história do paciente. A representação dolorosa já não precisava surgir de uma sedução sexual longínqua, praticada por um adulto. Bastava, agora, pensar em nossa infância, imaginar o desenvolvimento de nosso corpo pulsional e compreender que cada experiência vivida quando éramos crianças, no nível das diferentes zonas erógenas — boca, ânus, músculos, pele, olhos — tinha o valor exato de um *trauma*. Sem ter que sofrer uma experiência traumática real, desencadeada por um agente externo, o próprio eu infantil, ao longo de toda a sua maturação sexual, era a sede natural da eclosão espontânea e violenta de uma tensão excessiva, denominada desejo.

Mas, nesse caso, onde situar, na evolução normal de nosso corpo libidinal, essa eclosão espontânea de um trauma produzido sem intervenção externa? Para Freud — e para nós, atualmente —, o termo "trauma" já não se referia essencialmente à idéia de um evento externo, mas designava um acontecimento psíquico carregado de afeto, um verdadeiro micro-trauma local, centrado numa região erógena do corpo e consistindo na ficção de uma cena traumática, a que a psicanálise deu o nome de *fantasia*. Naturalmente, o fato de a fantasia ser um trauma não quer dizer que todos os traumas sejam fantasias. Na vida cotidiana da criança, podem ocorrer choques traumáticos reais provocados por agentes externos; eles existem e são motivos freqüentes de consultas na psicanálise com crianças. Nesse caso, o afeto provocado pelo trauma real é um susto que, sem ser recalcado, ainda assim fica inscrito de uma maneira ou de outra na vida fantasística da psique infantil. Sejamos claros, portanto: certamente existem traumas que não são fantasias, mas todo trauma, seja ele real ou psíquico, se inscreve necessariamente na vida das fantasias.

Mas, voltemos ao assunto. Por que dizer que as fantasias equivalem a traumas? É que, no núcleo da fantasia que é o lugar erógeno, jorra uma sexualidade excessiva, não-genital (auto-erótica), automaticamente submetida à pressão do recalcamento. A sexualidade infantil sempre nasce mal, por ser exorbitante e extremada. Eis aí a grande descoberta de Freud que o fez abandonar a teoria do trauma real como origem da histeria. A sexualidade infantil é um foco inconsciente de sofrimento, pois é sempre desproporcional aos meios limitados, físicos e psíquicos, da criança. A criança é inevitavelmente prematura e despreparada no tocante à tensão que aflora em seu corpo, e, inversamente, essa tensão libidinal é intensa demais para seu eu. Fonte dos sintomas futuros, a sexualidade infantil é traumática e patogênica, por ser excessiva e transbordante. Segundo a primeira teoria, o incidente traumático real da histeria consistia na ação perversa de um adulto sobre uma criança passiva; agora, a perspectiva se inverte por completo: é o próprio corpo erógeno da criança que produz o evento psíquico, pois ele é o foco de uma sexualidade fervilhante, a sede do desejo. De um desejo que traz em si a idéia de que um dia possa realizar-se na satisfação de um gozo ilimitado e absoluto. É justamente essa possibilidade de uma realização absoluta do desejo que é insuportável para o sujeito. Como dizíamos nas primeiras páginas, o gozo é insuportável para o sujeito porque, se ele o vivesse, o gozo poria em perigo a integridade de todo o seu ser. O surgimento do excesso de sexualidade chamado desejo, com a eventualidade de sua realização, chamada gozo, é tão intenso que exige, para ser temperado, a criação inconsciente de fabulações, cenas e fantasias protetoras.

Essas formações fantasísticas que se produzem inconscientemente, isto é, sem que o sujeito saiba, constituem, portanto, a resposta psíquica obrigatória para conter o excesso de energia que é o impulso do desejo. Por conseguinte, uma cena fantasística, tão "verdadeira" quanto a antiga cena traumática ocorrida na realidade, dá forma e figura dramática à tensão desejante. Essa tensão, ao ser fantasiada, ou seja, temperada pela fantasia, continua a ser uma tensão igualmente insuportável, mas integrada e circunscrita na cena da fantasia. Passamos então a chamá-la angústia fantasística. Angústia é o nome que o desejo e o gozo assumem ao serem inscritos no âmbito da fantasia.

Pois bem, quer o excesso de energia seja um excedente de afeto resultante de um choque traumático (primeira teoria), quer seja uma angústia fantasística que reage ao despertar espontâneo e prematuro da sexualidade infantil (nova teoria da fantasia), conservamos invariavelmente a tese de que a causa principal da histeria reside na atividade inconsciente de uma representação superinvestida. Salvo pelo fato de que, agora, o conteúdo dessa representação já não se reduz à imagem delimitada de uma parte do corpo (primeira teoria) mas se desenrola de acordo com um cenário dramático chamado fantasia. Essa fantasia é encenada numa curta seqüência cênica que sempre comporta os seguintes elementos: uma ação principal dos protagonistas e uma zona corporal excessivamente investida, fonte de angústia. Nessa nova teoria, a fantasia assim construída é igualmente inconsciente e submetida ao recalcamento que era a representação intolerável da primeira teoria; e é igualmente portadora de um excesso insuportável de afeto, excesso esse a que, agora, chamamos angústia. Uma angústia que, ao desarticular a ação do recalcamento, encontra sua expressão final num distúrbio do corpo. Doravante, depois dessa segunda teoria freudiana, que situa a fantasia na origem da histeria, o psicanalista já não deverá buscar por trás do sintoma um acontecimento traumático datável e real, mas, antes, o "trauma" de uma fantasia angustiante.

A VIDA SEXUAL DO HISTÉRICO

A vida sexual do histérico é um paradoxo, e esse paradoxo é a expressão dolorosa de uma fantasia inconsciente

O desejo e o asco são as duas colunas do templo do Viver.

P. Valéry

Mas, qual é essa fantasia inconsciente, origem da histeria? Quais são os atores, como agem eles e de que natureza é a angústia que os anima? Responderemos a isso, mas antes prefiro começar por abordar essa fantasia considerando, inicialmente, os efeitos clínicos que ela produz na vida sexual dos pacientes histéricos. A desordenação da sexualidade histérica se explica, efetivamente, como a manifestação mais direta, ou, para ser mais exato, como a conversão somática mais imediata da angústia que domina a fantasia originária da histeria. Veremos, mais adiante, qual é essa fantasia e de que angústia se trata, mas observamos desde já que o mecanismo de conversão, que transforma a angústia dessa fantasia inconsciente numa desordem geral da sexualidade, tem um alcance mais global do que a conversão estrita que transformava a sobrecarga num sintoma somático particular. Haveria, portanto, dois tipos diferentes de conversão, que, longe de se oporem, se completam: uma conversão global, que transforma a angústia num estado geral do corpo, e uma conversão local, que transforma a angústia num distúrbio somático limitado a uma parte definida do corpo. Julgamos que a idéia de uma conversão global — que não se limitaria, portanto, a uma parte do corpo, mas o implicaria globalmente — permite compreender melhor a sexualidade histérica. Cremos que, a partir do momento em que refletimos em termos de *fantasia inconsciente*, e não mais em termos de representação (imagem de uma parte corporal), em termos de *angústia*, e não mais em termos de um excesso de energia, a teoria freudiana da conversão assim renovada revela-se mais fecunda do que nunca para explicar o sofrimento sexual da histeria. Assim, podemos afirmar que a angústia da fantasia se transforma num estado perturbado da vida sexual do histérico, num estado de sofrimento devido a uma erotização geral do corpo, paradoxalmente acompanhado por uma inibição concentrada no nível da zona genital. A conversão global da angústia da fantasia leva, pois, a um contraste espantoso: um corpo globalmente erotizado coexiste dolorosamente com uma zona genital anestesiada.

Mas, qual é a natureza dessa angústia que acompanha o salto de uma fantasia psíquica, situada no inconsciente, para uma erotização global do corpo e uma inibição genital? E de que fantasia se trata? Reservemos a resposta por mais um instante, e descrevamos agora o paradoxo singular e doloroso da sexualidade histérica.

•

O paradoxo da vida sexual do histérico

Deixemos claro, desde logo, que a inibição genital de que falamos se traduz na vida sexual do histérico, não, como se poderia supor, por uma indiferença perante a sexualidade, porém, na maioria das vezes, por uma aversão, um verdadeiro nojo de qualquer contato carnal. A inibição sexual histérica não significa retraimento, mas movimento ativo de rechaço. Um rechaço tão característico que Freud não relutou em dizer: "Tomo por histérica, sem hesitação, qualquer pessoa em quem uma oportunidade de excitação sexual provoque nojo, quer essa pessoa apresente ou não sintomas somáticos."[3] E tratou de acrescentar, em outro trecho: "O enigma contraditório suscitado pela histeria (...) [é] o par de opostos constituído por uma necessidade sexual excessiva e uma rejeição exagerada da sexualidade."[4] A hipererotização global do corpo não-genital se opõe, portanto, a uma profunda aversão pelo coito genital. A impotência, a ejaculação precoce, o vaginismo ou a frigidez, todos são distúrbios característicos da vida sexual do histérico, os quais, de uma maneira ou de outra, exprimem a angústia inconsciente do homem de penetrar no corpo da mulher, e a angústia inconsciente da mulher de se deixar penetrar. O paradoxo do histérico diante da sexualidade caracteriza-se, portanto, por uma contradição: de um lado, há homens e mulheres excessivamente preocupados com a sexualidade, procurando erotizar toda e qualquer relação social, e de outro, eles sofrem — sem saber por que sofrem — por ter que passar pela experiência do encontro genital com o sexo oposto. Refiro-me, por exemplo, àquele tipo de homens que se interrogam sobre o tamanho e os atributos de seu pênis, ou ainda a propósito de sua beleza muscular, e que manifestam, correlativamente, um baixo interesse pelas mulheres ou, mais exatamente, uma baixa pulsão de penetrar o corpo da mulher. São homens narcisistas, exibicionistas, por vezes muito sedutores, e com um grau variável de homossexualismo e masturbação.

A mulher histérica e o gozo do aberto

Se pensarmos agora nas mulheres histéricas, o paradoxo parecerá muito mais complicado e obscuro. De fato, a multiplicidade de aventuras amorosas em algumas mulheres contrasta com o sofrimento manifestado por diferentes tipos de inibições durante o ato sexual (frigidez, vaginismo etc.). Ora, dentre essas inibições, há uma, essencial e secreta, que afeta a histérica no ponto extremo de seu ser de mulher. Mesmo vivendo uma relação carnal aparentemente feliz com um homem, a histérica pode se recusar a se abrir — quase que sem sabê-lo, mas resolutamente — para a presença sexual do corpo do outro. A lição que a psicanálise extrai dessa recusa da histérica poderia ser enunciada da seguinte maneira: a histérica se oferece, mas não se entrega; ela pode ter relações sexuais orgásmicas (orgasmo clitoridiano ou vaginal), sem por isso comprometer nelas seu ser de mulher. No momento do ato, onde é confrontada com a ameaça de perder essa virgindade fundamental, ela se fecha sobre si mesma no limiar do gozo do orgasmo, assim se preservando de experimentar um gozo radicalmente diferente, enigmático e perigoso, que chamaremos gozo do aberto.[5] A histérica pode se oferecer ao orgasmo, mas nem por isso se entrega ao gozo do aberto.

A histérica não se entrega, vá lá; mas persiste uma pergunta: será possível, histérica ou não, entregar-se verdadeiramente a esse gozo infinito? Será concebível gozar com o aberto? À parte os místicos e sua experiência de êxtase, talvez todos nós, tal como os histéricos, sejamos seres para quem a relação sexual continua sendo, no final das contas, uma relação impossível. Foi justamente isso que Lacan se esforçou por nos demonstrar através de toda sua obra. Mas, nesse caso, que é que especificaria a histérica, a não ser a intensidade e a paixão com que ela se choca e se fere no limite de uma relação sexual impossível?

Recusando-se a se entregar, a histérica se vê inevitavelmente arrastada para o precipício da insatisfação. Quer seja o homem que manifestamente se recusa a penetrar a mulher, ou a mulher que, aceitando a penetração, se recusa a perder sua virgindade fundamental, ambos viverão, infalivelmente, um estado permanente e latente de insatisfação. Uma insatisfação que não se restringe unicamente ao registro sexual, mas se estende para a totalidade da vida; e o faz, às vezes, de maneira muito dolorosa, através de episódios depressivos ou até de tentativas de suicídio. Pois bem, a despeito dessa dor, o histérico se agarra surpreendentemente a sua insatisfação. Agarra-se a ponto de fazer dela seu desejo: o desejo de insatisfação — desejo com o qual Lacan marcou para sempre o que é característico da histeria. O histérico deseja estar insatisfeito porque a insatisfação lhe garante a inviolabilidade fundamental de seu ser. Quanto mais insatisfeito ele é, mais fica protegido da ameaça de um gozo que ele percebe como um risco de desintegração e loucura.

•

AS FANTASIAS HISTÉRICAS

A fantasia inconsciente na origem da histeria é uma fantasia visual: a ameaça de castração entra pelos olhos

O caso do menino

Mas, como explicar este paradoxo da vida sexual do histérico: erotização excessiva e dolorosa do corpo não-genital e inibição da zona genital, bem como a insatisfação daí decorrente? Já indicamos que a origem dessa clivagem da sexualidade histérica está ligada a uma fantasia inconsciente. Resta-nos agora desenvolver o conteúdo da fantasia. Nossa pergunta era: quem são os atores da fantasia originária da histeria, como agem eles e, principalmente, qual é a natureza da angústia que os atravessa? Respondamos imediatamente: a fantasia que está na base da neurose histérica, ou seja, a fantasia fundadora da histeria — que qualquer psicanalista pode reconhecer no trabalho com um paciente histérico, seja qual for a variação em que essa fantasia se apresente —, resume-se num instatâneo da seguinte cena:

> Um menino (evocaremos mais adiante o caso da menina) é tomado de horror *ante a visão da imagem* do corpo desnudo de uma mulher — mais exatamente, do corpo nu, "castrado", da mãe. Da mãe ou de qualquer outra mulher com quem exista um vínculo amoroso. A visão do corpo feminino, percebido como um corpo privado do pênis, provoca angústia, porque a criança pensa que ela própria possa ser vítima de semelhante castração. Basta que o menino veja sua mãe nua e a perceba castrada para que, imediatamente, tema sofrer o mesmo destino.

Recordemos simplesmente que a proibição do incesto proferida pela voz do pai é complementar a essa outra proibição, silenciosa e visual, imposta pela nudez do corpo materno. Provavelmente, as duas ameaças — uma que entra pelos olhos, a do corpo materno, e outra que entra pelos ouvidos, a da voz paterna — convergem para desencadear a angústia de castração.

•

A angústia fantasística destinada a se converter é uma angústia intolerável, chamada "angústia de castração"

Assim, a vida psíquica do histérico se organiza em torno dessa fantasia visual, cujo cenário se desenrola segundo o traçado de uma linha que parte dos olhos do menino, toca a seguir no buraco sexual do Outro castrado e, por fim, retorna para o falo do próprio menino. O olhar da criança é simultaneamente prazer e horror: prazer, para o sujeito, de desvendar a falta na mãe (curiosidade visual), e também horror por deduzir daí que, se a falta afetou a mãe, é que ele pode ser igualmente castrado. Esse horror, que é o afeto dominante da fantasia histérica do menino, é chamado em psicanálise de "angústia de castração". Angústia que, com todo o rigor, deveria chamar-se "angústia ante a *ameaça* de castração", pois ela remete, não à dor de sofrer a castração, mas ao medo de perceber sua ameaça. A angústia de castração significa medo diante da ameaça de castração visualmente percebida, e não medo de ser realmente castrado. O único personagem realmente castrado no cenário da fantasia da histeria é a figura da mãe; a castração é sempre a castração do Outro.

A angústia de castração é inconsciente

Acrescentemos uma observação sobre a natureza inconsciente da angústia de castração. Quando o psicanalista emprega a expressão "angústia de castração", essa angústia não deve ser confundida com a angústia que observamos, por exemplo, nas crianças, sob a forma de diversos medos (pesadelos, terrores noturnos etc.). Esses distúrbios, marcados por uma angústia vivenciada e sentida pela criança sob a forma de medo, são apenas manifestações clínicas de uma luta invisível travada pelo eu contra a angústia inconsciente de castração, inerente à fantasia. A angústia vivida e consciente, chamada "medo", é pois a expressão da defesa do eu (recalcamento) contra a outra angústia, não vivenciada, fantasística e inconsciente, a que chamamos angústia de castração. Naturalmente, e essa é a tese freudiana que sustentamos ao longo de toda esta obra, a angústia inconsciente de castração constitui não apenas a origem desses medos fóbicos, como também a da totalidade das manifestações neuróticas.

Introduzamos neste ponto um esclarecimento terminológico. É chegado o momento de juntar diversas expressões que vimos empregando para designar a coisa inconsciente, recalcada e intolerável que o eu histérico é convocado a converter. Há pouco, acabamos de chamá-la "angústia inconsciente de castração". Mas lembremo-nos de que, inicialmente, ao estudar a teoria do trauma, havíamos designado a coisa inconsciente pela expressão "sobrecarga da representação intolerável". O que convém reter é o seguinte: a coisa inconsciente que se converte é, do ponto de vista da teoria do trauma, a sobrecarga energética, e, do ponto de vista da teoria da fantasia, a angústia de castração. Acrescentemos ainda outro esclarecimento, para marcar bem a diferença entre a angústia de castração intolerável e o gozo intolerável. Uma coisa é o medo e a recusa de um gozo ilimitado que ameace a integridade de *todo* o ser; outra coisa é a angústia diante da ameaça de uma castração incidente sobre uma *parte* limitada do corpo: o falo. Ou tenho medo de perder meu ser, ao realizar meu desejo incestuoso, ou me angustio ante a idéia de pôr meu falo em perigo.

•

A fantasia da histeria é uma "detenção na imagem" num momento da evolução libidinal da criança: a fase fálica

Segundo Freud, a cena da fantasia visual da histeria que acabamos de descrever corresponderia, em todos os seus detalhes, a uma cena fictícia. Uma cena que teria sido vivida por uma criança de cinco anos, na chamada fase fálica de sua evolução libidinal. Assim, *o histérico seria a criança que, não tendo podido ultrapassar psiquicamente esse estádio, permaneceria fixada nele.* Chamamos esse estádio de fase fálica porque a parte sexual que falta à mãe na imagem de seu corpo nu não é, aos olhos da criança, o pênis, e sim o ídolo do pênis, a ficção de um pênis poderoso, carregado de uma tensão libidinal extrema, um "semblante" do pênis que a psicanálise conceitua através do vocábulo *falo.* Precisamente, quando o menino descobre, com angústia, que sua mãe é desprovida de falo, seu universo — antes unicamente povoado por seres que eram todos portadores do falo (inclusive ele) — passa a se clivar em duas classes de seres: os que são portadores de um falo e os que são desprovidos dele; e isso, independentemente de seu sexo anatômico. No estádio fálico, a diferença entre o sexo masculino e o sexo feminino ainda não foi adquirida; o universo infantil continua dividido entre seres providos e seres desprovidos de falo, ou, simplesmente, entre seres poderosos e seres impotentes, sadios e enfermos, bonitos e feios, e não entre homens dotados de um pênis e mulheres dotadas de uma vagina. O que equivale a dizer que a criança mergulhada nesse universo não sabe se é menino ou menina. É exatamente dessa incerteza sexual que sofre o histérico.

Observe-se aqui que a intensidade libidinal no nível das regiões peniana e clitoridiana, assim como a necessidade de se assegurar quanto à permanência e à integridade de seu órgão sexual, explicam, na criança do estádio fálico e depois no histérico, a propensão a uma atividade masturbatória freqüente e compulsiva.

•

A fantasia visual de castração, origem inconsciente da histeria

O caso da menina

Ouço agora uma leitora perguntar-me: "Certo, entendo perfeitamente que o menino se angustie diante do perigo representado pela imagem de uma mãe castrada, mas, que acontece com a menina, a menina que fui?" Responderemos a isso propondo nossa própria concepção da fantasia feminina de castração. Mas antes, recordemos claramente a posição freudiana clássica. Segundo Freud, o afeto que perpassa a fantasia feminina de castração que se acha na origem da histeria não é a angústia, como no menino, mas o ódio e o ressentimento para com a mãe. A mulher não poderia ter angústia de castração no sentido verdadeiro do termo, uma vez que já é castrada; assim, não há para ela nenhum perigo de castração. Entretanto, existe efetivamente uma fantasia feminina de castração, na qual, portanto, a castração não é uma ameaça, e sim um fato já consumado. Em sua fantasia, a menina não tem a idéia de um pênis, mas de um falo que lhe foi roubado, e tampouco tem uma idéia da vagina como cavidade positiva, mas sim da falta de um falo que deveria ter estado ali.

Enquadremos, tal como fizemos no caso do menino, o instantâneo da cena fantasística em sua versão feminina:

> A menina também descobre visualmente o corpo nu da mãe, e diz a si mesma: "Mas, como... sou castrada como ela!" Não nos esqueçamos de que, antes desse momento de descoberta, a menina, tendo avistado o pênis de um menino, vivia na crença de que todos os seres humanos possuíam aquela coisa poderosa chamada falo. Atônita diante do corpo castrado da mãe, e diante da constatação de sua própria castração, a menina é tomada de uma intensa vontade de ter o falo que lhe falta, ou de um dia ver crescer seu falozinho clitoridiano. Tomada dessa cobiça, ela é imediatamente invadida pela irrupção de um surto de ódio reivindicatório em relação à mãe, a essa mãe que ela julga responsável por tê-la feito menina e por não ter sabido protegê-la, garantindo-lhe a permanência de uma força fálica.[6]

A seqüência cênica que acabamos de evocar retoma, em suas linhas gerais, a tese freudiana clássica da fantasia feminina de castração. Ora, na realidade, deveríamos qualificar melhor essa fantasia e dizer: fantasia feminina da constatação de uma *castração já consumada*, enquanto, no tocante ao menino, havíamos enunciado: fantasia masculina de uma ameaça de *castração temida e por vir*. Para completar, deveríamos ainda acrescentar que a hostilidade da filha em relação à mãe castrada reatualiza um sentimento de ódio mais antigo: o rancor que teria acompanhado a dolorosa separação do desmame.

Pois bem, autorizando-nos por nossa prática com pacientes histéricos, podemos introduzir uma modificação na proposição freudiana. Com efeito, a freqüente confirmação, na clínica, do paradoxo da sexualidade histérica, e, em particular, da singular variação da inibição sexual constituída pela renúncia ao gozo com a penetração, levou-nos a teorizar de maneira diferente a fantasia feminina de castração na origem da histeria. Aqui reencontraremos parcialmente as idéias formuladas por Ernest Jones.[7] Antes do momento da descoberta da mãe castrada, quando a menina atribui a todos os seres um falo universal, ela já experimenta sensações confusas no baixo ventre e na vagina, com a mesma mescla de impressões físicas, narcisismo e devaneios que o pênis desperta no menino. Enquanto, para Freud, o falo da menina poderia, num dado momento de sua evolução, localizar-se essencialmente no clitóris, estendemos sua localização aos outros órgãos genitais femininos e, em particular, ao útero. A menina investiria seu clitóris e seus órgãos sexuais internos tal como o menino investe seu órgão peniano, isto é, com a mesma potência fálica e o mesmo temor de senti-los ameaçados.[8] Por isso, assim como o menino considera seu pênis como um falo que nunca deve ser perdido, a menina tem seus órgãos genitais na conta de um falo a ser preservado de qualquer ataque. Efetivamente, a visão da mãe com o corpo nu e imponente despertaria na garotinha a inquietação de um perigo ameaçador para a integridade de seus órgãos genitais, particularmente seu útero. O corpo materno se oferece aos olhos da menina como um corpo imenso, monstruoso e extraordinário, que é todo ele um falo inquietante. Não negamos que a menina vivencie rancor e decepção em relação à mãe, mas queremos reconhecer e validar também a existência da *angústia* provocada pelo falo desmedido e invasivo que é o corpo da mãe-falo. Mãe-falo, e não "mãe fálica", pois não se trata de uma mãe que tenha um falo, e sim de uma mãe inteiramente assimilada ao falo inultrapassável e identificada com ele.*

Eis, portanto, nossa proposição. Cremos que essa angústia primordial provocada pelo perigo de uma mãe-falo é a origem inconsciente da angústia que a histérica pode experimentar durante a penetração sexual, receada como um risco de dilaceração e esfacelamento de sua vagina, seu útero e, além deles, todo o seu ser. Em sua fantasia, o pênis do homem representaria, para a histérica, o equivalente inconsciente do corpo desproporcional e perigoso da mãe.

•

* Devo ainda mencionar aqui, mas sem desenvolvê-la, a existência de uma outra categoria de angústia feminina que, segundo Freud, recentra a totalidade das angústias da mulher, a saber, a angústia da perda do objeto de amor. (N.A.)

Que é a conversão histérica? Um fenômeno de falicização do corpo não-genital e de retirada do interesse do corpo genital

Retomemos a essência de nossa exposição. Quer se trate da versão feminina ou masculina da fantasia de castração, o histérico nela permanece petrificado. Tomado pela angústia de perder aquilo que considera o essencial de si — seu falo —, ele se perde na confusão de não saber se é homem ou mulher. Numa palavra, o universo fálico constitui o mundo angustiante em que se debate constantemente o sujeito histérico. Quanto mais o histérico é indeterminado em sua identidade sexual, mais ele se apega ao seu falo e mais aumenta sua angústia, até se transformar em sintomas e em sofrimento.

Tínhamo-nos perguntado, anteriormente, como explicar o paradoxo da vida sexual do histérico, bem como a insatisfação daí decorrente. Agora podemos responder: esse convívio permanente com os perigos fantasísticos que espreitam a integridade de seu falo, e além dele, da integridade de todo o seu ser, é uma angústia intolerável, inconscientemente intolerável, da qual ele tem que se desfazer. Ora, o histérico é histérico justamente pela maneira que encontra para se desfazer de sua angústia. De que modo ele se arranja? Por que mecanismo o histérico tenta resolver sua angústia?

Já conhecemos uma primeira resposta, formulada nos termos da teoria do trauma, pois estudamos a conversão como um fracasso do recalcamento, provocado pelo deslocamento da sobrecarga da representação irreconciliável para as outras representações. Visto que o eu, como havíamos explicado, é incapaz de se livrar da sobrecarga através de um escoamento libertador, ele a desloca, isto é, converte-a. Como? A sobrecarga continua excessiva, mas muda de estado: deixa de investir a representação irreconciliável (estado primário) e passa a investir uma parte do corpo (estado secundário), assim produzindo um sintoma somático conversivo. Ora, a teoria da origem fantasística da histeria que acabamos de abordar, bem como o conceito de falo e o de angústia de castração, levam-nos a pensar o mecanismo de conversão de maneira totalmente diversa da da teoria do trauma. Temos ainda uma razão suplementar para conceber a conversão de maneira diferente: trata-se da necessidade de explicar, não somente a formação local de um sintoma, mas também o sofrimento geral do corpo no histérico, e, mais concretamente, o paradoxo de sua vida sexual com a insatisfação dela decorrente. Está claro que as duas concepções possíveis do mecanismo da conversão local e global, longe de se oporem, completam-se estreitamente para dar conta da clínica da histeria.

Detenhamo-nos, portanto, e examinemos a outra maneira de conceber o mecanismo conversivo. Sabemos que a conversão da angústia de castração dá margem a um duplo efeito clínico: uma excitação que afeta a totalidade do corpo, de maneira global, e uma inibição que afeta a região genital, de maneira circunscrita. Mas, qual é o impulso dessa transformação conversiva? Para responder, voltemos por um instante à dinâmica interna da fantasia inconsciente de castração. Que vemos ali? Vemos que o corpo inteiro, isto é, toda a tensão libidinal do corpo fantasiado, concentra-se num único ponto, que, no vocabulário da anatomia médica, se denominaria "região genital", mas que, na fantasia, chama-se falo. Claro, não devemos esquecer que os olhos, zona erógena igualmente muito investida, também acumulam tensão. De fato, é com os olhos que a criança da fantasia sente o prazer e o horror de perceber a castração da mãe. Mas os olhos são apenas um afluente canalizador da libido para o núcleo central que é o falo. Toda a energia, portanto, está ali, no falo. Toda a energia é reunida nesse foco fervilhante de sensações confusas, excitações lancinantes e afetos excessivos — um foco de onde se irradiam todas as forças e onde se ocultam todas as fraquezas, denominadas de angústia. Mas, nesse caso, como é que esse excesso de energia inassimilável, toda essa libido fálica, mescla de amor e angústia submetida à pressão tenaz do recalcamento, encontra uma saída? Como pode o eu desembaraçar-se dela, a não ser desviando-a do núcleo fálico, tal como desviamos o curso de um rio?

De fato, o fenômeno da conversão pode ser comparado a um movimento de vasos comunicantes: a libido fálica contida num vaso — que seria a fantasia inconsciente de castração — escoa para um outro vaso, representado pelo corpo real e sofredor do histérico. Acumulada até então no nível do falo fantasístico, a libido deixa sua fonte central e, pouco a pouco, vai falicizando o corpo real, ou seja, difunde-se por todas as partes do corpo, com a exceção pontual da chamada zona genital. Enquanto, no inconsciente, o corpo se condensava, reduzindo-se a ser apenas o falo, agora, na realidade, é todo o corpo real do histérico que se vê invadido pelo fenômeno de falicização. Assim, o corpo real torna-se um corpo que sofre por ser um imenso falo. O mecanismo da conversão pode agora ser compreendido: trata-se de um fenômeno de falicização do corpo não-genital e, simultaneamente, de desinteresse pelo corpo genital. Por isso é que o corpo do histérico sofre por ser um falo desproporcional, estorvante e vazado no nível da região genital (ver o esquema seguinte).

Esquema do mecanismo de conversão histérica que transforma a angústia de castração em sofrimento corporal

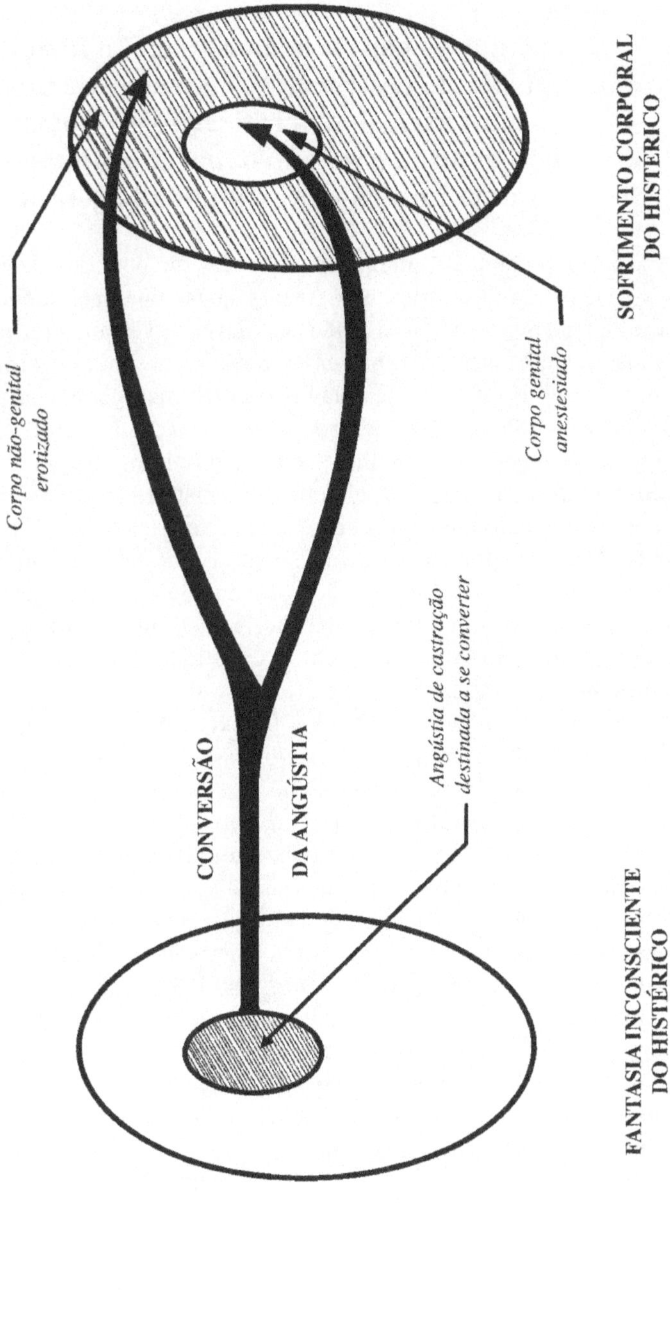

Que é que se converte na conversão histérica? A angústia de castração se converte, de um lado, num excesso de erotização do corpo não-genital, e de outro, paradoxalmente, numa inibição da sexualidade genital

Agora compreendemos melhor por que, em sua posição histérica, os dois sexos têm as mais fortes razões para negar qualquer idéia de relação sexual, para anestesiar seus órgãos genitais e, inversamente, para falicizar globalmente o corpo. A zona genital torna-se, assim, um corpo esvaziado e desinvestido de afeto, enquanto o corpo não-genital se excita e se organiza como um falo poderoso, lugar de veneração narcísica, objeto de todas as seduções, mas também sede de múltiplos sofrimentos. O corpo não-genital se converte no falo em que o histérico se transforma: ele é o falo. Vemos claramente que, para o histérico, ter o falo é, na realidade, sê-lo. Mas, que falo é esse? Justamente o que faltava à mãe, ao Outro castrado na fantasia de castração. Agora podemos compreender de onde vem o sofrimento vivido pelo histérico. O sujeito sofre por ter sido transformado no falo de que o Outro é castrado. Ele é o que o Outro não tem; e isso incomoda. É que esse excesso de narcisismo, esse falicismo difundido pelo corpo, constitui um tal excesso que, mesmo que proporcione ao sujeito o sentimento de existir, isso se dá ao preço da dor de estar constantemente submetido às solicitações do mais anódino dos estímulos provenientes do mundo externo. Um leve sussurro, o roçar banal de um tecido, a menor inflexão de uma voz ou um simples olhar são captados pelo histérico-falo como estímulos sexuais ininterruptamente renovados. À maneira de um sexo que se esgotasse querendo responder às excitações, mas sem nunca descarregar, o histérico permanece libidinalmente perturbado: ele é um corpo-falo que sofre pelo excesso de narcisismo e pela genitalidade zero. Vive sua sexualidade pelo corpo todo, exceto onde deveria vivê-la. Renuncia ao gozo da penetração e ignora a sexualidade genital. Penetrar a mulher, para o homem histérico, ou ser penetrada, para a mulher, significa, inconscientemente, pôr em perigo essa parte fantasisticamente superinvestida, o falo, que, se fosse atingido, acarretaria a desintegração total do corpo. O homem histérico, surpreso com sua impotência no momento em que está prestes a penetrar a mulher desejada, reatualiza sem saber sua fantasia inconsciente de criança angustiada ante a visão do corpo castrado da mãe, percebido como um corpo desejante, e portanto, perigoso. A angústia de castração se converte, nesse momento, em inibição sexual, seguida da insatisfação que naturalmente decorre disso; uma insatisfação — repetimos — que o protege e à qual ele se agarra.

Resumamos num esquema o movimento que vai da fantasia visual de castração até a conversão histérica.

Resumamos num esquema o que vai da fantasia visual de castração até a conversão histérica

A criança, como todo o mundo, tem um falo	→	*Fantasia histérica* Angústia de castração diante da ameaça que signfica a visão da mãe castrada	→			O mundo, então dividido entre os que têm falo e os que não o têm, é um mundo angustiante, porque representa, para o histérico, a ameaça de perder seu falo
→ O histérico transfere a angústia de castração para o corpo não-genital e anestesia o corpo genital	→	É assim que, para preservar seu falo, transforma-se nele. Ele é um corpo-falo com um buraco no lugar da zona genital	→	i.e.	→	A angústia de castração se converte num corpo que sofre de um excesso de narcisismo (erotização excessiva) e de genitalidade zero (inibição sexual.)

O ÚTERO NA HISTERIA: UMA FANTASIA FUNDAMENTAL

Nas mulheres, o que chamamos matriz ou útero é um animal dentro delas que tem o apetite de gerar filhos; e, quando fica muito tempo sem fruto, esse animal se impacienta e suporta esse estado com dificuldade; erra pelo corpo inteiro, obstrói as passagens do fôlego, impede a respiração, lança em angústias extremas e provoca outras enfermidades de toda sorte.

Platão, Timeu

Nossa prática nos mostra que a fantasia de castração que está na base da histeria é sempre acompanhada por outra fantasia situada no horizonte do universo histérico, uma fantasia tão importante que a chamamos fantasia fundamental. Qual é seu conteúdo? A cena é muito simples e se resume nisto: um homem e uma mulher de corpos entrelaçados concebem um filho sem qualquer penetração genital. O histérico seria não apenas o artífice e o ator desse sonho, desempenhando tanto o papel da Virgem Imaculada quanto o do Pai onipotente, como seria, também e acima de tudo, o lugar contenedor desse encontro procriador e divino. Quer encarne a cama, a casa ou o solo da terra que abriga os dois corpos místicos, quer seja o lugar matricial que abriga o casal germinativo, o histérico faz de si o lugar protetor de sua união sublime. Essa é a fantasia fundamental que perpassa como uma linha vermelha toda a sua existência.

Dessa fantasia, uma identificação continua primordial: encarnar o útero, órgão matricial oco que contém o encontro real onde se gera a vida. É como se o histérico se identificasse com o útero segundo as duas condições que esse órgão assume em seus sonhos. Na fantasia de castração, ele é o órgão ameaçado de mutilação quando da penetração sexual; e, na fantasia fundamental, é o receptáculo ideal que abriga o encontro feliz e divino entre um homem e uma mulher desprovidos de sexo. Assim, há dois tipos de útero-falo com que o histérico se identifica. Ou ele é o útero como órgão interno a ser preservado e nunca exposto, ou é o útero assemelhado ao corpo do próprio histérico, considerado como um receptáculo que encerra dois corpos entrelaçados, os de um homem e uma mulher sem sexo. Um útero contido num corpo e, ao mesmo tempo, um útero contendo dois corpos: somos obrigados a retorcer o pensamento para compreender essas identificações cruzadas do histérico. Identificações cruzadas entre um dentro e um fora, que despertam em nós outra intuição muito diferente da intuição habitual: a intuição topológica.[9]

É freqüente dizerem, e com razão, que os histéricos são seres bissexuais. De fato, num universo em que a oposição dos sexos não existe e onde a mulher se confunde com o homem, eles deslizam facilmente do papel masculino para o papel feminino e vice-versa. Ora, deveríamos ir mais longe e afirmar que eles são algo diferente de bissexuais; estando fora do sexo, são *extra-sexuais.*[*] Não apenas desconhecem a diferença entre os sexos, mas encarnam o limite, o contexto neutro e externo que contém uma união sexual procriadora e sem penetração.

Mais um comentário. Quer reconheçamos o histérico como bissexual ou extra-sexual, um fato essencial persiste: ele ignora se é homem ou mulher. O histérico é histérico por não ter conseguido tornar seu o sexo de seu corpo. Nesse sentido, não seguiremos os autores que, a partir de Charcot, têm afirmado a existência de uma suposta histeria masculina, diferente da histeria feminina. Não podemos confirmar suas afirmações pela simples razão de que o problema da histeria reside precisamente na impossibilidade de assumir psiquicamente um sexo definido. A expressão "histeria masculina" é, em si mesma, uma contradição dos termos, pois o substantivo *histeria* significa incerteza sexual (nem homem, nem mulher), enquanto o adjetivo *masculino*, ao contrário, é decisivo e faz uma escolha onde a escolha se revela impossível.

•

* Em francês, *hors-sexuels*. (N.R.)

A DIFERENÇA ENTRE AS FANTASIAS HISTÉRICA, OBSESSIVA E FÓBICA

A angústia de castração que está no centro da fantasia da histeria acha-se também no centro das fantasias obsessiva e fóbica

Para melhor situar nossas afirmações sobre a histeria, devemos neste ponto fazer uma digressão. Da mesma maneira que reconhecemos uma fantasia originária de castração na histeria, podemos igualmente isolar uma fantasia inconsciente fundadora da neurose obsessiva e outra que é fundadora da neurose fóbica. Estas últimas fantasias, na verdade, são apenas duas versões derivadas da fantasia histérica, considerada como estando na base de todas as neuroses. O roteiro da fantasia obsessiva e o da fantasia fóbica se desenrolam, cada qual a sua maneira, seguindo o mesmo drama da experiência da castração, mas, principalmente, sob uma tensão de angústia idêntica à da fantasia histérica. Descrevamos esses dois cenários, o da fantasia obsessiva e o da fantasia fóbica.

A fantasia do obsessivo

O instantâneo da cena da fantasia obsessiva pode ser assim representado:

> Uma criança, presa de um desejo incestuoso pela mãe, é tomada de angústia (angústia de castração) ao ouvir a voz interditora do pai, que a impede de realizar esse desejo, sob pena de castrá-la. A zona erógena em torno da qual se organiza a fantasia obsessiva é o ouvido que vibra, sofre e goza por ter ouvido a voz imperiosa do pai.

Evidentemente, essa fantasia, como todas as fantasias de que falamos, é inconsciente, estando submetida à pressão do recalcamento. Convém lembrarmos que a neurose obsessiva, isto é, o sofrimento que o sujeito obsessivo experimenta conscientemente e em seus sintomas, é a expressão dolorosa do combate do eu para recalcar, negar e deslocar a angústia de castração contida nessa fantasia.

A fantasia do fóbico

O cenário da fobia é mais complicado. Para compreender o instantâneo da fantasia fóbica, lembremos, previamente, que a angústia de castração é suscitada, aqui, pelo desejo da criança essencialmente em relação ao pai, e não mais exclusivamente em relação à mãe, como acontece nas neuroses obsessiva e histérica. É realmente o pai que se acha no centro da fobia, primeiro como objeto de um desejo de morte (desejo parricida), e depois como objeto de um desejo de amor. O pai é o personagem principal na fobia, mesmo que, como em toda neurose, o desejo incestuoso pela mãe continue a ser o ponto de partida.

Resumamos esquematicamente, à maneira de uma cadeia de acontecimentos, a seqüência da fantasia fóbica:

Desejo incestuoso pela mãe → Proibição de realizar esse desejo, proferida pelo pai → Ódio desse pai interditor (desejo parricida) → O ódio desperta a angústia da punição (castração) → Para temperar a angústia, a criança recalca seu ódio pelo pai interditor → Em lugar do ódio recalcado, aparecimento do afeto oposto: o amor pelo pai

→ Ora, esse amor desperta outra forma da angústia intolerável de castração: *a angústia de mostrar e declarar o amor pelo pai. Medo de depender do pai, de ficar demasiadamente submetido a ele, de ser feminilizado, isto é, de sofrer abusos ou até de ser sodomizado pelo pai amado.*

→ A angústia de castração despertada pelo amor ao pai é rejeitada e projetada no mundo externo → Essa angústia, assim expulsa para fora, fixa-se num objeto do mundo circundante (multidão, espaço fechado, ponte, animal etc.), desde então transformado no objeto ameaçador de que o fóbico terá que fugir para evitar ser invadido por um medo consciente, mais tolerável do que o é a angústia inconsciente de castração

Se, dessa sucessão de acontecimentos, quiséssemos extrair o momento culminante da fantasia fóbica, reteríamos o nó em que a criança, às voltas com seu desejo de amor filial pelo pai, vive a angústia de ser sufocada por esse pai amado. A zona erógena em torno da qual se organiza a fantasia da fobia não se limita a uma região localizada do corpo, mas se estende à totalidade dos tecidos musculares. A zona erógena da fobia são os músculos que regem os orifícios, contraindo-os ou dilatando-os (relaxamento ou crispação do ânus, da boca, dos olhos, do aparelho digestivo ou pulmonar etc.). Recordemos que, à semelhança das demais neuroses, o sofrimento vivido pelo fóbico é a expressão dolorosa do combate do eu para projetar para fora a angústia de castração contida em sua fantasia.[10] De fato, o fóbico é aquele que instala sua angústia de castração no palco do mundo, a fim de localizá-la, controlá-la e evitá-la graças aos deslocamentos motores de seu corpo.

Agrupando numa única fórmula as três fantasias fundadoras das grandes neuroses, diremos:

• Na *fantasia obsessiva*, a ameaça de castração entra pelo ouvido, e a angústia daí resultante — inconsciente, por estar submetida ao recalcamento — acaba por se deslocar para o pensamento e se fixar numa idéia anódina (idéia fixa).

• Na *fantasia fóbica*, a ameaça de castração entra pelos orifícios de todo o corpo, estejam eles crispados ou relaxados, e a angústia daí resultante — inconsciente, por estar submetida ao recalcamento — acaba sendo projetada, instalada e localizada no espaço do mundo externo.

• Na *fantasia histérica*, a ameaça de castração entra pelos olhos, e a angústia daí resultante — inconsciente, por estar submetida ao recalcamento — acaba por se converter em sofrimento da vida sexual do histérico, que consiste numa erotização geral do corpo, paradoxalmente acompanhada por uma inibição localizada no nível da zona genital.

Acrescentemos aqui uma observação importante. A fantasia de castração que postulamos na base das neuroses é também a fantasia que todo ser falante, neurótico ou não, teve necessariamente que encontrar e superar, e que, mais ainda, não parará de encontrar e superar. A especificidade dessa fantasia, no caso particular das neuroses, consiste na intensidade com que ela domina a vida do neurótico; essa vida é inteiramente organizada em função da angústia de castração, núcleo da fantasia. É claro que nosso texto constitui uma longa demonstração da determinação da neurose por essa fantasia.

•

Resumo

Vamos resumir, numa seqüência de cinco proposições, a gênese fantasística da histeria. Antes, porém, eu gostaria de já ir sublinhando claramente o terceiro nó do encadeamento que descreveremos, aquele que encaramos como o elo principal.

Até aqui, temos insistido tanto na fantasia de castração como sendo a causa da histeria que o leitor talvez tenha perdido de vista as colocações das primeiras páginas. A fantasia angustiante de castração que domina a vida psíquica do histérico certamente é a fonte e o motivo do sofrimento do neurótico, mas é também, e acima de tudo, uma tela protetora, uma defesa segura contra qualquer eventual aproximação do gozo máximo. Tudo se dá como se o histérico preferisse adoecer de uma fantasia angustiante do que enfrentar aquilo que teme como o perigo absoluto: gozar. Portanto, essa é, a meu ver, a proposição decisiva para compreender o que é a histeria e para orientar a escuta do praticante de psicanálise.

Recordado esse ponto capital, passemos agora às cinco proposições de síntese:

- Gozar constitui, para o histérico, um limite derradeiro e perigoso que, uma vez transposto, fá-lo-ia mergulhar inevitavelmente na loucura, explodir e se dissolver no nada.

- Diante desse perigo do gozo, o histérico opõe então uma recusa tenaz de gozar.

- Para se manter afastado do gozo e persistir em sua recusa, o histérico inventa inconscientemente uma fantasia protetora: a fantasia angustiante de castração. Com essa fantasia, ele cria uma ameaça fictícia — a ameaça de perder sua força fálica — para esquecer uma outra ameaça igualmente fictícia, porém mais obscura, indefinida e muito mais terrível: a de sucumbir ao gozo. Ele se angustia diante de uma castração que pretende possível, para não desaparecer diante de um gozo insustentável. A recusa do gozo se transforma, na fantasia, em angústia de castração. E o objeto ameaçado não é a totalidade do ser, mas o falo. No capítulo consagrado ao tratamento psicanalítico da histeria, veremos que essa rejeição do gozo se traduz, num tratamento analítico, pela recusa a atravessar a experiência da fantasia angustiante de castração. Voltaremos a esse ponto.

• Ora, a fantasia certamente salva e protege o histérico do gozo, mas o mergulha num sofrimento corporal (sintomas somáticos), sexual (o paradoxo da vida sexual) e relacional (o desejo de insatisfação). A angústia de castração se transforma, por conversão, em sintomas corporais, na perturbação da sexualidade e na dor da insatisfação.

• A fantasia de castração salva e protege o histérico do gozo, mas o perturba em sua maneira de perceber os seres a quem ama e odeia. À maneira de uma lente deformadora, a fantasia de castração mergulha o neurótico num mundo em que a força e a fraqueza decidem em termos exclusivos sobre o amor e o ódio. Amarei ou odiarei meu parceiro conforme a percepção de sua força ou fraqueza fálica. Por isso, as relações afetivas do histérico se transformam inevitavelmente em relações de dominador e dominado.

Em suma, a lógica da gênese da histeria se resume nisto: o desejo descortina o gozo, o gozo suscita a fantasia, a fantasia contém a angústia e a angústia, por fim, transforma-se em sofrimento.

•

RETRATOS IMAGINÁRIOS DO HISTÉRICO

Deitado no divã, o analisando fala; eu o escuto, e em mim se forma espontaneamente uma imagem que condensa três fatores conjugados: a abstração da teoria, o desejo da transferência e a história do sujeito.

De fato, ao escutar os pacientes, algumas imagens se impõem ao clínico. São imagens que traduzem de maneira figurada os elementos principais da teoria psicanalítica, e que o praticante pode eventualmente reconhecer no curso de seu trabalho. Essas imagens, verdadeiras encenações de teses teóricas, funcionam como desencadeadores de uma intervenção analítica, em geral apropriada e oportuna. Assim, o psicanalista se serviria dessas imagens para efetuar a metamorfose do abstrato para o perceptível e propor sua interpretação. É como se o praticante, em vez de se perguntar "Como intervir?", "Que dizer ao paciente?", se interrogasse: "Que devo fantasiar? Com que imagem forjada pela teoria, mas surgida no silêncio de minha escuta, devo trabalhar?" Justamente, formulemo-nos essa pergunta. Que retratos imaginários se esboçam na cabeça do psicanalista quando ele escuta ativamente seu paciente histérico, ou o paciente em face de histericização transferencial?

•

Ao escutar um paciente histérico, especialmente um homem, imaginemo-lo como um garotinho assustado, encolhido num canto do aposento, com os olhos arregalados e protegendo a cabeça com as mãos, como que para aparar a violência de um castigo eventual.

•

Ao escutar um paciente histérico, especialmente uma mulher, pensem no pai. Façam um esforço para imaginar que não é uma mulher que lhes está falando, mas o pai que está no interior dela, um pai magoado e com a voz distante. A imaginação do psicanalista pode se mobilizar a ponto de conceber essa quimera bizarra, composta de uma menina cujo rosto, pelo lapso de tempo de um olhar, assumisse os traços do rosto do pai. Uma menina cujo sexo, como o das bonecas de porcelana, não passasse de uma superfície lisa, marmórea e sem vinco.

Se pensarmos agora no jeito do corpo dessa paciente, ou nos gestos de sua mão, não serão eles como que a emanação, na pessoa dela, da presença viva do pai? Uma presença viva, mesmo e principalmente se o pai estiver morto ou parecer um personagem apagado em sua vida.

•

Ao escutar nosso paciente, imaginamos que seu corpo abriga um casal feito de um homem e uma mulher de corpos transparentes, entrelaçados como dois personagens de sonho, num abraço sem penetração nem erotismo.

•

Ao escutar nosso paciente histérico, lembremos que ele sofre por não saber quem é, por não conseguir deter, nem que seja por um instante, o insustentável desfile das imagens que o povoam, e submetido às quais ele não consegue evitar oferecer-se aos outros.

•

Ao escutar um paciente histérico, imaginemos que seu mundo — do qual fazemos parte — é povoado de seres fortes e inacessíveis e de seres fracos e dignos de pena. Ele repele os poderosos, mas fica a espreitá-los, à espera de sua menor fraqueza, do mais leve sofrimento, do mais ínfimo cansaço. Por desdém, repele os impotentes, porque eles são feitos a sua imagem, mas os chama com a compaixão de quem quer tratar dos ferimentos.

•

O psicanalista escuta seu analisando representando para si mesmo, mentalmente, a fantasia de castração

Com esses retratos imaginários do histérico, instalamo-nos no espaço psíquico do psicanalista. Mas, agora, coloca-se uma questão: essas imagens, espontaneamente surgidas no praticante durante sua escuta, que relação têm com a cena central da fantasia de castração? Como intervém a fantasia de castração no trabalho concreto do psicanalista com seus pacientes?

Antes, uma observação preliminar. As cenas que descrevemos nos capítulos anteriores para expor as fantasias masculina e feminina de castração, as variações obsessiva e fóbica, e também a fantasia do útero, não correspondem em absoluto a fatos realmente ocorridos. A cena da fantasia de castração não é um fato real, e poucos de seus detalhes encontram confirmação, por exemplo, no comportamento observável de uma criança frente à nudez de uma mulher adulta e amada. Essa cena tampouco corresponde à narração figurada que um de nossos pacientes possa ter feito numa sessão. Raras são as ocasiões em que o clínico ouve o relato de tal seqüência fantasística. Mas, nesse caso, de onde tiramos essa história da castração, que não é nem um fato real nem um relato que tenhamos ouvido? É preciso sermos extremamente claros. As breves cenas que mostramos e enquadramos em nosso texto, tal como se emolduram as fotografias, são apenas desenhos abstratos de um cenário fantasístico, concebido e inventado pela psicanálise para dar conta da clínica e da prática com pacientes histéricos e, em termos mais gerais, com neuróticos. Mas, então, será que se trata de um devaneio caprichoso do psicanalista? Em que se apóia o psicanalista, e, originariamente, o próprio Freud, para construir essa fantasia, pressupô-la na base do sofrimento histérico e afirmar, como fizemos, que essa fantasia é obra inconsciente do próprio sujeito?

A legitimidade da fantasia de castração é dupla: teórica e prática. Legitimidade teórica, porque o cenário da castração, tal como o descrevemos, é rigorosamente coerente com a totalidade do edifício conceitual da psicanálise. O conceito de castração prevalece como uma das noções mais solidamente alicerçadas no solo da teoria. Mas sobretudo legitimidade prática, porque esse cenário, apesar de sua forma aparentemente obsoleta de imagem estereotipada, se renova ininterruptamente, numa infinidade de variações imaginárias que se sucedem no caminho da análise. Uma infinidade de imagens que se verificam continuamente no trabalho com nossos pacientes, como expressões fiéis da fantasia de castração que se acha na origem de seu sofrimento.

Ora, concretamente, que significa que o traçado abstrato do cenário da castração, bem como as imagens dele derivadas, se verifiquem no trabalho com nossos pacientes? Significa, inicialmente, que quando um analisando nos fala e nos participa seus conflitos e suas queixas, começamos por compreender a origem inconsciente de seu sofrimento a partir, é claro, de nosso lugar na transferência, mas também fazendo para nós mesmos, mentalmente, uma representação da épura da cena fantasística que a teoria nos propõe. Deixemos isso claro: somos nós, os psicanalistas, que, no silêncio da escuta, imaginamos mentalmente, sob a forma de uma cena, a origem do sofrimento experimentado pelo neurótico. À maneira de um filtro teórico situado entre o ouvido e a boca do psicanalista, entre o que ele escuta e o que diz, o cenário da castração se revela, assim, um instrumento mental notável no trabalho do clínico.

Não obstante, devemos formular aqui duas ressalvas importantes. Primeiro, a cena imaginária que nos representamos mentalmente enquanto o analisando fala conosco nunca reproduz, tal e qual, a épura da fantasia de castração estabelecida pela teoria, e que já descrevemos, mas uma de suas infinitas variações: a que é específica de um momento exato da sessão. Depois, como segunda ressalva, trata-se de imagens que não são queridas pelo psicanalista, mas que a ele se impõem espontaneamente durante sua escuta ativa.

Mas, sendo assim, como intervém o psicanalista a partir dessas imagens? Quando o praticante rompe o silêncio de sua escuta e intervém, sua intervenção deve ser considerada como uma colocação em palavras da cena fantasística que se desenrolava nele mentalmente, e que, sob a forma de imagens, exprimia a origem inconsciente do sofrimento vivido por seu paciente. Essa colocação em palavras, naturalmente, nunca é uma simples descrição dos detalhes ou do conteúdo da cena concebida em imagens. O psicanalista silencia sobre a imagem e só diz a seu analisando as palavras com que traduz a significação da cena. A seqüência poderia decompor-se da seguinte maneira: fantasia inconsciente no paciente → sofrimento vivido pelo paciente → palavras do paciente na sessão → *ao escutar essas palavras, o psicanalista vê surgir em si, espontaneamente, uma cena concebida em imagens* → tradução mental e silenciosa, pelo psicanalista, da cena considerada como a expressão figurada da fantasia de castração, causa do sofrimento do paciente → comunicação do resultado dessa tradução interna ao analisando. É nesse ponto que esperamos a reação do analisando a nossa intervenção e que, ao recebê-la, podemos confirmar, *a posteriori*, o valor da épura teórica da fantasia de castração. Assim, é no exercício da escuta que podemos confirmar essa épura como uma ficção fecunda da teoria analítica.

O psicanalista olha aquilo que escuta

Mas, seria possível situarmos melhor o lugar dessa escuta visual na análise? Como conceituar a função da imagem no trabalho do psicanalista? Às diversas variedades da ação psicanalítica que são o silêncio, as intervenções explicativas e a interpretação, devemos agora acrescentar essa quarta figura, que é a escuta visual. Podemos verificar, na prática, que algumas intervenções psicanalíticas, tão raras quanto a interpretação, acham-se efetivamente ligadas a um estado de visão, transitório e fugaz, vivido pelo psicanalista. Aqui já não se trata do silêncio que prepara uma palavra interpretativa, nem da reconstrução de elementos da história do paciente que precede uma intervenção explicativa, mas antes, de uma disposição subjetiva extremamente peculiar do praticante. A escuta fica tão polarizada no dizer do paciente que o analista não apenas esquece seu eu, como também *olha aquilo que escuta*. Tentemos descrever melhor esse fenômeno de uma escuta transformada em visão.

Quando sucede o psicanalista perceber visualmente aquilo que ouve, podemos supor que se operou uma identificação singular entre o próprio analista e a materialidade sonora das palavras pronunciadas pelo analisando. Para que o analista enxergue aquilo que escuta, é preciso que ele seja a voz do enunciado que ouve; e, mais até do que a voz, é preciso que ele seja a sonoridade física da palavra falada. É como se a pessoa do psicanalista se deslocasse, à maneira de um objeto erógeno, por três zonas do corpo: o ouvido, a boca e os olhos. Se esquematizarmos a seqüência desse curioso deslocamento, teremos: primeiro, o analista escuta → depois, ao escutar, ele esquece seu eu → em seguida, torna-se a materialidade sonora das palavras pronunciadas → e, por fim, percebe visualmente a origem inconsciente daquilo que ouve. Em suma, para enxergar dentro do inconsciente, é preciso que ele seja aquilo que ouve. A seqüência se complica quando, com todo o rigor, acrescentamos que olhar significa, para o sujeito, ser o objeto que ele olha. Assim, conviria resumir dizendo: para olhar, isto é, para ser o que ele vê, é preciso que ele seja aquilo que ouve. Evidentemente, essa gradação de uma escuta transformada em olhar não passa de um artifício explicativo para permitir a compreensão do processo de uma experiência que, na prática, se dá de maneira condensada e compacta. É claro, também, que apresentar esse artifício tem uma vantagem adicional à explicativa. Meu objetivo, ao estabelecer essa gradação como uma seqüência que vai da escuta ao olhar, é firmar alguns marcos de uma investigação teórica que deve ter prosseguimento.

Num texto dedicado à transferência,[11] defini a interpretação como um retorno do recalcado inconsciente do analisando no analista. Tal como a interpretação, o olhar mental do analista pode ser considerado como o retorno do recalcado inconsciente do analisando no psicanalista. Assim, a interpretação e o olhar seriam duas modalidades de retorno do recalcado, diferenciadas pelo fato de a primeira ser fundamentalmente uma modalidade simbólica de retorno — a interpretação consiste num dizer simbólico —, enquanto a segunda é fundamentalmente uma modalidade fantasística de retorno. Com todo o rigor, eu deveria dizer que o olhar ocorrido no psicanalista enquanto ele escuta realiza um único desejo: o da própria relação analítica, ou, se preferirmos, o da transferência inconsciente. Em suma, *o analista olha aquilo que o paciente deseja.*

Uma belíssima frase de Nietzsche evoca muito de perto a disposição visual do analista no trabalho da escuta: "É preciso esperar e preparar-se, espiar o jorro das novas fontes, manter-se pronto, na solidão, para visões e vozes estranhas, reencontrar em si o Sul, estender novamente sobre si a claridade, a irradiação e o mistério dos céus do Sul."

•

O TRATAMENTO PSICANALÍTICO DA HISTERIA E O TÉRMINO DA ANÁLISE

O tratamento da histeria consiste em levar o analisando a atravessar com êxito a prova da angústia de castração

O histérico é a criança magnífica
que, sozinha, às portas da experiência decisiva,
pronta para atravessá-la, nos diria:

Enfrentarei minha angústia deixando-a passar por mim,
através de mim. E quando, graças a uma palavra, um silêncio
ou um grito, a angústia tiver passado, voltarei meu olhar
interior para seu rastro. E onde ela tiver passado,
não haverá mais nada. Nada a não ser eu, transformado na
marca de uma cicatriz, impulso de um novo nascimento.

Abordaremos agora o problema do tratamento psicanalítico da histeria. Já considerei parcialmente esse problema, ao examinar o sintoma de conversão, e ali defini a qualidade da escuta necessária ao psicanalista para trabalhar com um paciente histérico. Agora é chegado o momento de pensar de outra maneira a ação psicanalítica e de destacar o fato fundamental que deve se produzir num tratamento analítico para livrar o neurótico de seu sofrimento. Em vez de desenvolver os diferentes aspectos técnicos da terapêutica da histeria, prefiro dedicar-me exclusivamente a demonstrar como um analisando, seja ele histérico ou não, chega a superar essa outra histeria em que consiste a própria análise. De fato, a análise reproduz a doença de que deve tratar. Por isso ela constitui, pura e simplesmente, uma histeria artificial que o analisando e o analista têm que resolver juntos. Por conseguinte, a melhor abordagem que teremos para compreender a essência do tratamento psicanalítico estará precisamente em examinar o fato fundamental da resolução da histeria de transferência. Mas, de que fato fundamental se trata?

Num momento avançado da análise, no ponto culminante da neurose de transferência, o paciente se vê diante da alternativa de aceitar ou se recusar a atravessar o que chamamos prova da angústia de castração. Esclareçamos desde logo que o comprometimento do analisando com uma dessas duas opções, aceitação ou recusa, não resulta de uma escolha consciente e deliberada, mas de um estado subjetivo inconsciente. Um estado muito particular, fruto de um longo período preparatório durante o qual o psicanalista e o próprio paciente criaram as condições para que este último se aproximasse cada vez mais intensamente da prova final. Dizemos prova final, não porque ela tenha lugar nas últimas sessões de uma análise (veremos, ao contrário, que ela se situa no próprio apogeu da análise), mas porque o que entra em jogo é tão essencial que o resultado dessa experiência decidirá sobre o término da análise e sobre a cura do sujeito. De fato, quando essa passagem se realiza, temos base para acreditar que a análise chegará a seu termo e que o sofrimento neurótico poderá finalmente aplacar-se. Por isso é que podemos identificar a prova da angústia de castração com o fim da análise, compreendido não no sentido temporal, mas como o desenlace decisivo da neurose de transferência. Quando a prova não pode ser realizada, a neurose de transferência permanece em suspenso e o término da análise não se consuma. Numa palavra, a maneira como o neurótico termina sua análise decide sobre sua cura. Precisamente, temos a convicção de que a análise é um longo esforço para levar à única experiência que realmente importa: a experiência da angústia. É como se todo o percurso analítico não passasse de uma lenta preparação destinada a atingir esse ponto terminal. Qual é essa experiência? Em que consiste a prova tão decisiva? Todo este capítulo é uma tentativa de responder a essa pergunta.

•

Numa análise, o analisando se separa duas vezes: primeiro, dele mesmo, e depois, do analista

Mas, avancemos desde já uma distinção preliminar. Existem duas espécies de separação: uma que corresponde ao término da relação analista/paciente e que se conclui por ocasião da última sessão; a relação analítica termina, mesmo que possa suceder ao ex-analisando encontrar seu antigo analista em diversas circunstâncias sociais ou profissionais, fora do contexto analítico. Portanto, primeira separação: é a separação do último dia, do dia do adeus à relação analítica.[12] A outra separação, muito diferente desse adeus final entre analisando e analista, também consiste num desligamento, mas num desligamento muito particular, que se realiza no espaço intrapsíquico do próprio analisando, e que tem lugar muito aquém e além da última sessão. Essa separação, que mais devemos considerar uma auto-separação, é, na verdade, o corte de uma parte de si. Não ocorre de uma só vez, mas vai sendo gerada lenta e progressivamente, a partir da travessia de uma prova singular, e prossegue indefinidamente muito depois do último dia.

Peço-lhes, portanto, que aceitem esta distinção prévia: uma coisa é a separação temporal em que todos pensamos, a da suspensão da relação analítica; outra é a separação fora do tempo, a ser concebida, não como um acontecimento momentâneo, mas como um longo processo que se inaugura com a experiência de uma prova dolorosa no ponto culminante da análise, e que prossegue como um trabalho de luto que ultrapassa largamente, no tempo, o último dia do divã. Temos, pois, duas separações, uma da ordem do evento e datável, a da última sessão; e outra inconsciente, que nasce no coração da análise, se elabora lentamente e se desdobra para além do tratamento.

Como podem ver, ao distinguir duas espécies de separação, diferenciamos implicitamente dois registros distintos da análise. O primeiro registro, temporal, é aquele em que a análise se desenrola cronologicamente, em três fases que pontuam a evolução da neurose de transferência: uma *fase inicial*, em que a histeria de transferência se instaura progressivamente, uma *fase mediana*, caracterizada por um estado de crise aguda no analisando, e que marca o ponto de exacerbação paroxística da neurose transferencial — esse é justamente o momento em que se produz o fato fundamental da análise, que é a confrontação do analisando com a prova da angústia —, e por fim, uma última fase, a *fase final*, onde se elaboram o luto e o processo de auto-separação resultantes da prova. Precisemos que essa terceira fase é confirmada como tal a partir do momento em que o psicanalista e o analisando concordam em concluir, num fim próximo, seu trabalho comum de análise. Uma concordância que pode se revestir de formas diferentes, mais ou menos explícitas ou tácitas, diretas ou indiretas.

O segundo registro da análise é o do processo psíquico do tratamento. Ele se desenrola num tempo ilimitado — ilimitado, mas, como veremos, igualmente cíclico — que se estende desde o primeiro germe da idéia de consultar um psicanalista e se prolonga depois da análise, num além desconhecido. É precisamente nesse registro que se inscreve a auto-separação psíquica de que falávamos.

Ora, a maneira como o analisando se despede de sua análise e de seu analista depende diretamente das modalidades com que esse mesmo analisando superou a prova singular e realizou sua auto-separação. Quando a análise se interrompe abruptamente ou se eterniza num impasse, deduzimos, sem risco de nos enganarmos, que a prova não foi bem-sucedida, que o processo de auto-separação não se produziu e que, por conseguinte, não houve uma análise acabada. Não houve análise acabada porque o essencial de uma análise, isto é, essa prova dolorosa cuja travessia possibilita o trabalho de auto-separação, não se deu. Assim, observando como o analisando deixa seu analista, saberemos se a transposição do limiar da prova, bem como seu efeito de separação intrapsíquica, foi ou não realmente realizado. Evidentemente, essa postura que formulo de maneira tão decidida é necessariamente ideal e deve ser considerada como um referencial fecundo para nosso trabalho clínico, e não como uma lei imperativa.

•

A histeria de transferência. As condições que levam o analisando às portas da prova da angústia

Passemos agora à prova que nos parece a tal ponto essencial que, uma vez ultrapassada, leva-nos a ver a auto-separação se efetuar, a neurose transferencial se resolver, e o término concreto da relação analítica decorrer daí naturalmente. Que prova é essa? Em que consiste, exatamente? Nós a havíamos definido, num outro trabalho, como "a seqüência dolorosa da transferência".[13] Lacan a nomeou de maneiras diferentes: chamou-a algumas vezes de "travessia da fantasia", e em outras ocasiões, de "transposição do plano de identificação". Mas, antes de examiná-la detalhadamente, lembremos, primeiro, as condições que cercam essa experiência.

Trata-se, antes de mais nada, da experiência de uma angústia, pois é em torno da angústia que se articula o desenlace dessa passagem. Expliquemo-nos. Partimos de uma premissa já bem estabelecida. O sofrimento neurótico que levou o paciente histérico a entrar em análise é a expressão dolorosa de uma defesa precária — o recalcamento e a conversão — que o eu emprega para erguer um dique que barre a angústia da fantasia inconsciente de castração. Essa angústia é intolerável e, para se desfazer dela, o histérico não encontrou outra solução senão transferi-la para sofrimentos corporais, ou, mais genericamente, para sofrimentos neuróticos. Vimos como o mecanismo de conversão, que transforma a insuportável angústia de castração num corpo-falo, é uma solução ruim para contornar a angústia. Graças à conversão, o excesso de angústia talvez tenha se reduzido no inconsciente, mas se transformou agora num outro excesso: o da erotização/inibição dolorosa do corpo. Um excesso intolerável no inconsciente foi substituído por outro excesso penoso no corpo. Haveria então uma postura melhor, algo diferente de uma defesa para desarticular a angústia? É justamente a essa pergunta que tenta responder o tratamento analítico das neuroses, compreendido como a reatualização, por meio da transferência, da fantasia de castração.

> Numa análise, trata-se, na verdade, de voltar ao ponto de partida, ou seja, ao ponto de origem fantasística da neurose, e de reproduzir no seio da análise a mesma situação de perigo que, no inconsciente, provoca a angústia. Numa palavra, criar a angústia para resolvê-la; trata-se de instituir uma nova neurose, uma histeria de transferência, e então tentar encontrar uma saída melhor que a da conversão. Essa outra saída, para a qual todo o trabalho analítico deve se orientar, condensa-se numa fórmula: *atravessar a angústia.* O psicanalista visa a criar as condições para que o analisando finalmente enfrente seu medo.

Criar as condições significa que a análise e a ação do psicanalista devem previamente conduzir o paciente ao estado de angústia, ou, mais exatamente, reativar a angústia que antes se havia convertido nos sintomas pelos quais o paciente veio se consultar. Repetimos: para que o paciente possa enfrentar seu medo, a ação analítica deve, inicialmente, conduzi-lo ao estado de angústia. Quais são essas condições? São as mesmas condições que organizam o cenário da fantasia de castração, que o analista — por seu silêncio e suas intervenções — deve fazer reviver. Essas condições se reduzem, principalmente, a três ficções perigosas, três máscaras ameaçadoras do Outro que suscitam a angústia, e que o psicanalista deve vestir: o Outro castrado, o Outro da Lei e o Outro do desejo perverso.

• *O Outro castrado.* Essa é a figura mais ameaçadora, que já situamos na cena da fantasia masculina de castração que está na origem da histeria. Ela se estrutura como uma figura de horror, quando a criança repentinamente descobre a imagem do corpo nu, castrado, da mãe. O buraco na imagem constitui o sinal de perigo percebido pelos olhos assustados. Essa falta, sombra opaca num corpo luminoso, significa que, um dia, também eu corro o risco de ser mutilado. E no entanto, embora fique horrorizada e paralisada pela ameaça, a criança, paradoxalmente, faz questão de ficar sob a influência do perigo, a ponto de pedir ao Outro que lhe mostre a falha de sua castração e lhe provoque medo. O Outro castrado representa, para o neurótico, não apenas uma ameaça que assusta, mas também um apelo que seduz e tranqüiliza. ''Tenho horror a seu corpo castrado, mas, assim mesmo, peço-lhe que o mostre a mim, porque sua castração me conforta em minha infância de criança fálica.'' A fantasia de castração certamente é angustiante, mas não nos esqueçamos de que, antes de mais nada, ela é uma garantia que protege a criança fálica do perigo absoluto: o de experimentar um gozo sem limites.

• *O Outro da Lei.* Essa é uma das versões paternas do Outro. Sua função, que é de proibir e punir severamente o desejo incestuoso, é representada por uma voz que grita a Lei da proibição do incesto. Trata-se da figura principal, sonora e perigosa, da fantasia de castração que está na origem da neurose obsessiva. Tal como antes, diante do Outro castrado, a criança foge e busca, ao mesmo tempo, a presença ameaçadora que aterroriza e tranqüiliza. Mais uma vez, a criança neurótica, ou, se preferirmos, a criança fálica, assim se dirigiria ao Outro: ''Tenho medo da Lei, mas não deixe de lembrá-la a mim ininterruptamente; peço-lhe que me dê ordens, me proíba e, se preciso for, me castigue.''

• *O Outro do desejo perverso*, finalmente, é também uma figura eminentemente paterna: a de um pai afeito ao gozo e que goza com todas as mulheres, um pai capaz de abusar de mim, de me violentar e gozar com meu sofrimento. Já havíamos deparado com esse terceiro rosto do horror ao examinar a fantasia fóbica de castração. Esclareçamos apenas que, como nos dois casos anteriores, repete-se a mesma contradição própria do neurótico: ele se angustia, mas prefere viver o horror e a angústia de uma criança assustada a assumir com dificuldade seus limites de ser falante e sexuado. Sem nunca olhar nos olhos do pai amado, ele lhe pediria: "Tenho muito medo de você, mas tome-me em seus braços e faça de mim a presa de seu desejo perverso."

Dissipemos prontamente um possível mal-entendido. Essa cena fastasística de castração, como as duas anteriores, certamente evoca a perversão. Mas não nos enganemos: trata-se tão-somente de uma perversão sonhada; o neurótico não é um perverso, mas alguém que sonha sê-lo. A fantasia neurótica é apenas a fantasia perversa de um neurótico que se apega a sua angústia e sonha ser uma criança angustiada diante de uma mãe monstruosamente bela (o Outro castrado), de um pai terrivelmente protetor (o Outro da Lei) e de um outro pai, perversamente apaixonado (o Outro do desejo perverso).

O desejo do neurótico é um desejo de angústia

Para o psicanalista, todo o problema reside nisto: a angústia certamente faz o analisando sofrer, mas, paradoxalmente, também o tranqüiliza. "Gosto de me causar medo, isso me tranqüiliza", dizia-me um paciente, marcando assim a ligação que une qualquer neurótico a sua angústia. Esse é um sério obstáculo ao progresso da análise, pois, para romper a dinâmica mórbida da neurose, o praticante deve, inicialmente, romper esse apego inaudito do analisando a sua angústia. A maior dificuldade do analista consiste, simultaneamente, em criar um estado de perigo na análise, suscitar a eclosão de uma nova angústia no analisando, e lograr que ele renuncie à angústia com que vinha convivendo desde sempre. Mas, de que maneira levá-lo a renunciar a ela? Antes de responder, examinemos mais de perto como o histérico ata seu ser a sua angústia.

Havíamos delimitado a tríplice ameaça fantasística: o buraco na imagem que anuncia a mutilação, a voz da Lei que anuncia o castigo, e a perversidade de um desejo que quer meu sofrimento. Em tal situação, o sujeito acredita estar arriscando não apenas seu falo, mas a aniquilação de *todo* o seu ser. Tomado pela angústia, o neurótico tem uma reação inteiramente natural, que é convertê-la. Para tentar livrar-se dela, converte-a em sintomas; e, para tentar escapar à castração, torna-se o objetivo imaginário que falta ao Outro. Quer transforme a angústia de castração em sofrimento neurótico, quer se torne, ele próprio, o objeto fálico do Outro, trata-se de dois movimentos que, longe de desembaraçá-lo, fixam o sujeito em sua angústia. Formulamos com palavras diferentes uma mesma idéia: a solução histérica para o problema da angústia é amar a angústia, apegar-se a ela de corpo e alma, até se tornar coisa; e isso, apesar do sofrimento dos sintomas. A conversão histérica, que havíamos conceituado num primeiro momento como fracasso do recalcamento, e depois como falicização do corpo não-genital/inibição genital, apresenta-se agora como uma fixação irresistível do neurótico em sua angústia. O desejo do neurótico é um desejo de angústia.

Mas, então, como levar o analisando a renunciar a sua angústia? Para que ele se livre radicalmente de sua angústia, tem que encontrar, primeiro, uma nova angústia produzida pela análise, e então atravessá-la para poder deixá-la.

•

Retomemos. Quais são as condições em que se acha o analisando *antes* de atravessar a prova da angústia? Reconhecemos aí um estado de perigo criado pela tríplice ameaça, sob a forma do buraco, da Lei e do desejo perverso; tríplice ameaça que podemos condensar na primeira, a do buraco: "Vejo o buraco do Outro e, imediatamente, sinto-me ameaçado." → Despertar da angústia: "Estou angustiado, portanto, sem outra saída senão transformar minha angústia em sintomas e transformar a mim mesmo no objeto que falta ao Outro; torno-me seu objeto e, ao passar a sê-lo, preencho seu buraco e me certifico de que o Outro continue castrado e frágil."* → Assim transformado no objeto do Outro, o sujeito vê seu pensamento obliterado, seu corpo petrificado e seu narcisismo levado ao extremo. Mais do que nunca, ele se vivencia como um eu que se compraz com o que é: uma criança cristalizada. "Na angústia, sou uma coisa imóvel, que já não pensa e que goza um gozo que tanto é dor quanto prazer narcísico."

---

* Isso explica por que é tão delicado conduzir a análise de um histérico, que está constantemente à espreita de uma falha no analista. Quando finalmente detecta a falha, ele fica decepcionado e angustiado por não mais encontrar a onipotência de seu psicanalista; e, simultaneamente, tranqüilizado por enfim sabê-lo castrado. (N.A.)

A ação do psicanalista visa a resolver a histeria de transferência

Diante desse sujeito angustiado e que goza com sua angústia, qual deve ser a ação do psicanalista? Como deve intervir para que seu analisando, protagonista principal da cena analítica da fantasia de castração, trate a angústia de outra maneira que não convertendo-a num refúgio narcísico? Como sair dessa histeria de transferência? Primeiramente, devemos constatar que a maioria dos autores — a começar por Freud — que estudaram o fenômeno da neurose de transferência não contemplaram medidas técnicas particulares para reduzi-la. Os conselhos dados por Freud se mantêm dentro dos limites de uma grande prudência, dado que regras técnicas demasiadamente definidas poderiam levar a intervenções apressadas e inoportunas. O clínico correria o risco de chegar a um resultado contrário ao procurado, reforçando ainda mais a histeria de transferência e tornando o tratamento interminável, a ponto de fadá-lo ao fracasso. Quando uma análise gira em círculos ou se perde, provavelmente é porque a histeria de transferência não foi resolvida, isto é, porque psicanalista e analisando não conseguiram abrir o caminho que levaria este último às portas da prova da castração.

Vemos aqui que, comparada à importância do risco, qualquer indicação técnica se afigura deslocada. Entretanto, o problema persiste: como resolver a histeria de transferência? Nossa resposta, portanto, não será um conselho técnico, mas uma proposição passível de orientar o praticante, com vistas a acompanhar o analisando até o limiar da prova de angústia e favorecer sua passagem. As intervenções do psicanalista devem buscar, primeiro, reencontrar em nosso analisando a criança angustiada, acuada diante do obstáculo insuperável do horror à castração. É como se o impacto da ação analítica devesse levar ao momento exato em que a angústia vai se transformar em sofrimento neurótico, e exatamente antes que o sujeito se identifique com o objeto. Mas, que ação é essa? Ela consiste numa mudança de lugar. O psicanalista troca de lugar, por ter compreendido que é chegado o momento de modificar sua posição; deixa cair sua máscara de Outro da castração, dá um passo ao lado e se institui como testemunha simbólica de uma experiência que *só* o sujeito pode agora realizar. Grifo a palavro "só" para evocar no leitor praticante da análise o momento quase comovente em que sentimos nosso paciente à beira da experiência, mas não podemos empurrá-lo adiante.

A ação do psicanalista situa-se, pois, nesse momento preciso em que o paciente hesita em dar o passo decisivo que o fará deixar a pele da criança fálica e o introduzirá enfim na fase terminal da análise. É como se o terapeuta devesse captar esse instante nascente da angústia, esse momento em que o sujeito se acha diante da seguinte alternativa: ou conter a angústia nascente e fazê-la sua, surgindo então o acesso à prova, ou converter a angústia em sofrimento, caso em que surge o caminho ruim que cristaliza a neurose. Em outras palavras, ou ele concorda em atravessar a prova, ou resiste. Foi nesse sentido que Freud, num de seus últimos textos, *Análise Terminável e Interminável*, destacou o caso do paciente ou da paciente que, inconscientemente, renuncia a se empenhar na experiência, bem como as incidências dessa recusa no prosseguimento do trabalho analítico. Para Freud, a recusa a se abrir para a angústia freqüentemente leva à interrupção abrupta da análise. Em seu comentário, ele explica a recusa do paciente a ingressar na prova da angústia como recusa da castração, ou, retomando suas palavras, uma recusa da feminilidade. Sim, uma recusa da feminilidade, tanto do lado do homem quanto do lado da mulher. Por que assimilar a recusa da castração à recusa da feminilidade? Porque, para o homem neurótico, a simples idéia de ser castrado equivale, em sua fantasia, a ser apenas uma mulher, uma mulher que, como todas as mulheres de sua fantasia, só pode ser submissa. E, da mesma maneira, para a mulher neurótica, a simples idéia de não possuir o falo que ela reivindica equivale, em sua fantasia, a ser também uma mulher dominada. Não nos esqueçamos de que o universo do neurótico não se compõe de homens ou mulheres, mas de onipotentes e castrados, de dominadores e subjugados. Assim, é compreensível que, independentemente de seu sexo anatômico, o neurótico assemelhe a imagem repulsiva dele mesmo, castrado, à imagem de uma mulher humilhada. Por isso é que Freud concluiu que a recusa da feminilidade, ou seja, em nosso vocabulário, a recusa a atravessar a prova, é um "Não!" que o neurótico angustiado opõe à idéia fantasística de se deixar castrar — no caso do homem —, ou à idéia fantasística de não conseguir o falo cobiçado — no caso da mulher. É nesse ponto que o analisando interrompe violentamente a análise e, com raiva e cólera, abandona seu analista. Uma célebre formulação freudiana soube traduzir esse fracasso: "A análise tropeçou no obstáculo da rocha da castração."

•

Descrição da travessia da prova da angústia

Mas, como relatar a dolorosa travessia da prova da angústia? Ela é tão essencial que se mostra difícil de descrever. Neste exato momento, todos nós que estamos pensando em nossas sessões, seja como analistas, seja como analisandos, temos nossa própria representação dela. Podemos utilizar os conceitos da teoria, recorrer a alegorias ou experimentar fórmulas, mas a imagem dessa experiência continua intransmissível, moldada segundo nossa história pessoal, nossa análise e os ensinamentos de nossos pacientes!

De minha parte, eu a imaginaria assim. Aproximar-me lentamente da angústia, até a mais extrema proximidade, contê-la em sua tensão máxima e então atravessá-la. Atravessá-la como se cruza o batente de uma porta que, no instante exato da passagem, se reduza a uma fina lâmina de aço que nos atravesse pelo meio do corpo, deixando nele o traço umbilical de uma fenda límpida. Atravessar a angústia é ser atravessado por ela.

Modifiquemos agora nossos termos, e tentemos dizê-lo de outra maneira. Atravessamos a angústia quando uma palavra, um acontecimento, um gesto ou um silêncio, não importa, uma revelação fulgurante proveniente do psicanalista ou surgida de improviso em mim mesmo, analisando, me faz compreender que eu podia aceitar perder, porque o risco nunca foi o risco de um todo, mas de uma parte; e de uma parte que estará sempre perdida. Compreendi, não mentalmente, mas em ato, que, qualquer que seja o resultado final dessa travessia da angústia, o risco continuará necessariamente parcial, e a perda, inevitavelmente sofrida. Compreendi, e meu corpo compreendeu, que nunca perderei tudo, e que, se ganhar, jamais ganharei sem perder.

•

O luto de uma análise terminada não é o luto de meu analista, mas o luto de uma ficção e de uma angústia

A perda, portanto, é parcial e inevitável. Mas, de que perda se trata? Ela tem inúmeras faces, mas aqui, durante a prova da angústia, ela é, antes e acima de tudo, a perda de uma ilusão: a ilusão de um todo (meu ser-falo) e do monstro ameaçador que me fazia sofrer (o Outro castrado). Como compreendi que nunca é o todo que arrisco, que o risco é parcial e que a perda é inevitável, desvendo a ficção de que era prisioneiro e, ao desvendá-la, eu a perco. Sim, ao concordar em perder uma parte de mim, perco a onipotência fictícia do Outro e, com ela, o próprio risco: minha suposta potência fálica. Por isso é que minha angústia se desvanece. Claro, não tenho mais angústia, mas já começo a lamentar o desaparecimento de um perigo fictício, de uma potência infantil, o falo, e de uma angústia agora dissipada, que decididamente era apenas uma maneira segura de existir.

É aqui, nessa constatação dolorosa mas serena, que começa o trabalho de luto pela morte de uma ficção transferencial, trabalho que desembocará, primeiro, na separação concreta e efetiva do psicanalista, e depois se prolongará num processo interminável para além da análise. Assim, é compreensível que o luto de uma análise acabada não seja o de meu psicanalista, mas o luto de uma ficção e de uma angústia.

Dentre as manifestações observáveis da elaboração desse luto, há um sinal clínico indiscutível, identificado pela maioria dos analistas que se inclinaram sobre o problema do término da análise. Desde Ferenczi, que foi o primeiro a observá-lo, e o fez de maneira tocante, até os mais recentes trabalhos sobre as manifestações clínicas do término da análise, todos os autores concordam em reconhecer um mesmo fato perceptível. O sinal incontestável que marca a entrada da análise em sua fase terminal é o seguinte: o paciente, num estado de grande serenidade, deixou de estar à espera de amor; ou seja, já não pede ao Outro, representado por seu parceiro analítico, a garantia de um dia receber seu amor. É que o analisando compreendeu que, afora a esperança de sair do impasse que o aprisionava, seu analista não lhe deu mais nada. Não lhe deu mais nada, porque nada mais tinha a dar, a não ser essa "promessa", essa esperança de aceder às portas da prova da angústia.*

Encontramos mais outros sinais clínicos indicativos dessa fase terminal. Por exemplo, é freqüente, nesse período, constatar o aparecimento,

* Segundo a acepção mais pura da palavra "dom", declaramos que, se há alguma coisa que o analista dê numa análise, é a espera. O psicanalista encarna para o sujeito a esperança de um dia se achar no estado mais favorável para atravessar seu passe e se livrar de sua neurose. Pois bem, é justamente essa esperança, ou, retomando a expressão de Freud, essa "expectativa confiante" do analisando, que constitui o melhor auxiliar terapêutico do analista. Para que o sujeito tenha uma oportunidade de atravessar a experiência, ele precisa da firme esperança de poder atravessá-la. Freud o repetiu com freqüência: a expectativa confiante do paciente é um fator precioso de cura. (N.A.)

no relato do paciente, da lembrança dos primeiros momentos do começo da análise: detalhes ou palavras proferidas nas entrevistas preliminares, a recordação da data do primeiro encontro, os sintomas pelos quais o analisando veio se consultar etc. Outro sinal que manifesta a entrada nessa fase final é representado pela presença de sonhos muito particulares, ligados ao nascimento, a movimentos de partida, a estações de trem e transportes, aviões, barcos, pessoas que partem e coisas que chegam.

O término da análise não é a suspensão dos sintomas. ❑ Acrescentamos aqui uma observação importante para a direção da análise nessa fase terminal. Comumente, quando se evoca o término da análise, pensa-se imediatamente na suspensão dos sintomas. Ora, os sintomas parecem ter vida própria, independente da evolução da análise. Alguns desaparecem, surpreendentemente, nas primeiras sessões; outros sintomas se metamorfoseiam no correr do tratamento — uma conversão histérica pode se transformar num sofrimento fóbico — e outros, ainda, desaparecem ou reaparecem muito tempo depois do término da análise. Não é pelo fato de os sintomas desaparecerem que o praticante deve imaginar e esperar um fim próximo do tratamento. Mais do que se prender ao movimento dos sintomas para deduzir o término de uma análise, é muito mais importante para o praticante observar as mudanças da posição subjetiva do analisando. Este toma uma distância mais serena do analista, depois de ter deixado de dirigir ao Outro da neurose transferencial sua demanda de amor.

A maneira de encerrar uma análise atesta a fecundidade ou o malogro dessa análise. ❑ A maneira como uma análise se interrompe não apenas determina a seqüência pós-analítica como também, e principalmente, o próprio período analítico, da análise inteira. É o término que, retroativamente, confere sentido ao conjunto do trajeto analítico já percorrido. Consideramos que a suspensão de uma análise é a causa final que determina, na posterioridade, a fecundidade ou, ao contrário, a esterilidade do processo analítico. Existe um fato muito concreto que o praticante que já conduziu análises pode confirmar com facilidade: quando um analisando, após três anos de um trabalho aparentemente frutífero e rico em acontecimentos, deixa a análise e sai batendo a porta, todo o tratamento é posto em questão pela forma abrupta desse término. É claro que esse modo de terminar evidencia uma realidade indiscutível: essa análise, supostamente rica e frutífera, não foi realmente concluída, porque o analisando não conheceu a experiência pontual de deixar sua neurose. Ele deixa a análise com violência por não ter deixado com angústia sua neurose. Digamos melhor: não soubemos, analista e paciente, criar conjuntamente as condições de uma travessia bem-sucedida da angústia, e assim evitar que o analisando voltasse a partir com seu sofrimento intacto. Já insistimos neste ponto: todo o trajeto analítico é um longo esforço que converge para essa passagem essencial e, além dela, para a suspensão final da análise.

O caso da retomada de uma nova análise depois de se haver interrompido a primeira. O problema das "etapas". ❑ É dentro dessa mesma perspectiva que também podemos pensar o movimento freqüente dos pacientes que retomam uma segunda ou uma terceira análise, algum tempo depois de ter terminado a primeira. É a questão das "etapas". Quando um analisando toma a decisão de iniciar uma segunda etapa de análise, isso atesta, em nossa opinião, o caráter inacabado de seu primeiro percurso analítico. Sendo o segundo analista de um paciente que, querendo contar seus anos de divã, dizia-me: "Tenho seis anos de análise, quatro num primeiro divã e dois anos num segundo...", retruquei-lhe sem hesitar: "Veja, não existem duas análises, nem três, nem cinco. Existe apenas uma única análise, esta em que estamos hoje, e mais tarde veremos se ela mostra ter sido a análise que esperávamos, quer dizer, uma análise terminada." Estou convencido de que o psicanalista não deve trabalhar com a idéia de que a segunda etapa da análise de seu analisando complete satisfatoriamente a primeira. Creio que a posição mais ajustada consiste, ao contrário, em achar que a análise em curso, aqui e agora, é a única e exclusiva análise em jogo. Por quê? Porque a demanda de uma nova etapa mostra claramente que o término da precedente não sancionou uma separação que deveria ter-se produzido. Entendamo-nos. Uma suspensão da análise, seguida por uma retomada, indica que o analisando não efetuou a auto-separação, que não conseguiu separar-se dessa parte de si mesmo (sua fantasia neurótica de castração) e, em especial, que não soube desligar-se da figura fictícia do Outro e, desse modo, abandonar sua angústia. Esse analisando não parou de dar vida ao Outro da castração e de instalar nesse lugar o psicanalista e a psicanálise em geral. Assim, quando um paciente decide principiar uma segunda etapa de análise, podemos deduzir, sem risco de erro, que o Outro de sua neurose ainda continua representado por um ou outro dos sucessivos psicanalistas, ou seja, que o lugar do Outro continua, ainda e sempre, ocupado pelo interlocutor analítico.

Ora, justamente, terminar uma análise consiste em eu me separar psiquicamente do Outro analítico, em deixar de lhe dirigir minha demanda de amor e em transportar essa demanda para fora da análise. Terminar a análise, podemos dizer, é terminar com a análise em geral; a expressão seria: "acabei com a análise!" Assim, considero que, no caso de uma segunda etapa, a análise não foi concluída, e até mesmo que ela ainda não existe. É que, com todo o rigor, uma análise que não está inteiramente acabada ainda não tem existência. A segunda etapa constitui, a meu ver, uma nova oportunidade de reinstalar, talvez, as condições da histeria de transferência, de tentar de novo a experiência que não pôde ter lugar — a saber, a travessia da angústia — e finalmente concluir a análise. Em suma, enquanto demandamos uma análise, pouco importa que seja a primeira ou a terceira etapa, podemos ter certeza de que a análise não terminou. A análise atual continua a ser, de fato, a única e exclusiva experiência analítica, pois conserva a possibilidade de superar a prova crucial da angústia e de levar a uma conclusão definitiva.

•

Atravessar a angústia é dar lugar à dor do luto

Mas, voltemos à experiência da prova da angústia e nos perguntemos: uma vez atravessada essa prova, que conseqüências se seguem na vida do analisando? Elas são em número de três. Primeiro, o aparecimento da dor do luto, depois, o surgimento do sujeito do inconsciente, e por fim, uma mudança na percepção de sua identidade sexual pelo sujeito. Abordemos sucessivamente cada uma dessas conseqüências, a começar pelo problema da dor.

Formulemo-nos uma pergunta: quando um histérico atravessa a prova da angústia, de que se separa? Separa-se da criança fálica que habita em seu inconsciente. Mas essa separação nunca é uma perda definitiva, pois ele é levado a perder e a reencontrar mil e uma vezes, ao longo de sua existência, a criança de sua fantasia. O fato de haver terminado um tratamento analítico e superado a prova da angústia de castração confere ao analisando uma única conquista: a de aprender a perder e reencontrar indefinidamente sua criança fálica, mas sendo cada vez menos afetado pela paixão da angústia. Menos afetado pela angústia, porém invadido por um novo afeto que então se impõe: o da dor. A angústia da neurose agora desaparecida cede lugar à dor do luto.

Que dor é essa? Como é que o histérico — como qualquer neurótico, aliás — pode trocar a permanência da angústia por essa dor que pontua e ritma o luto de uma parte dele mesmo? Por que há dor quando o histérico perde a criança fálica de sua fantasia? E, em termos mais gerais, por que há dor quando perdemos um ente amado? Respondamos de imediato, e depois nos justificaremos: a dor do luto não é, como se acredita habitualmente, a dor de ter sofrido uma perda, mas a dor de reencontrar aquilo que se perdeu quando se sabe que está irremediavelmente perdido.

A dor do luto não é a dor de perder, mas a dor de reencontrar aquilo que se perdeu quando se sabe que está irremediavelmente perdido

Comecemos por uma observação preliminar. O analisando atravessou com êxito a prova da angústia e entrou na fase terminal, onde se manifesta o processo do luto de uma parte dele, que é a criança fálica. Longe de ficar quites com sua perda, ele a reencontrará inúmeras vezes no curso de sua existência, agora compreendida como um longo e sereno trabalho de luto. Eis nossa hipótese: são os reencontros, mil vezes repetidos, do analisando com sua criança fálica, mil vezes perdida, que, vez após outra, geram a dor. Tornemos a insistir: o que incomoda não é o fato de perder, mas de *reencontrar* aquilo que já havíamos perdido, sabendo que o perdemos irremediavelmente.

•

Para justificar nossa hipótese, é preciso retornarmos a Freud e refazermos brevemente, com o leitor, o caminho que nos levou a considerar que o doloroso trabalho do luto é, acima de tudo, uma sucessão interminável de encontros com o ressurgimento do ser desaparecido, e não com sua ausência.

O enigma que Freud tentou elucidar e que, para nós, continua sempre atual e estimulante, foi o seguinte: por que existe dor quando perdemos um ente querido? A resposta de Freud, como muitas de suas respostas, foi ambígua e contraditória. Ao que parece, a dor seria correlata do trabalho de ligação e desligamento das representações do objeto que foi amado e está agora perdido. Após a leitura desse notável texto freudiano que é *Luto e Melancolia*, e dos dois artigos de Karl Abraham dedicados à mesma questão, e sobretudo pensando em minha própria experiência, bem como na de meus pacientes, ocorreu-me de maneira evidente que a dor do luto não pode se reduzir à emoção suscitada pela perda do ser amado. Habitualmente, atribuímos a dor à separação, à dilaceração ou à violência que significa uma perda súbita. Assim, para alguns psicanalistas, notadamente anglo-saxões, a dor proviria da separação entre o eu e uma parte dele mesmo. A tese que explica a dor psíquica, portanto, centraliza-se na idéia de separação. A dor seria, segundo esses autores, um efeito da separação. Em certa medida, essa tese retoma a idéia e o sentimento experimentado por qualquer ser humano ao perder um ente querido. Admito-a, mas não situo a dor como diretamente resultante da separação. Não; penso, ao contrário, que a dor surge no momento em que há um *superinvestimento* da representação do objeto amado e atualmente perdido. O que dói no trabalho do luto não é tanto a ausência do ente querido, mas o encontro, o investimento e o superinvestimento da representação psíquica que temos do ser amado e perdido. Em seu texto, Freud fala em ligação e desligamento das representações do objeto perdido; creio, exatamente, que a dor se produz quando *localizamos e delimitamos* mais de perto, em termos psíquicos, a representação do objeto perdido. É como se, diante da imensa massa das representações inconscientes do eu, tivéssemos que selecionar e isolar uma a uma as representações do ser amado e perdido, concentrando em cada uma delas toda a nossa energia psíquica. É aí, diante de cada representação, que a dor surge, e é isso que dói.

O doloroso trabalho do luto decerto se orienta para o horizonte de um desligamento, jamais total e definitivo, do objeto perdido, mas seu percurso é balizado por encontros dolorosos com o representante inconsciente do objeto do qual, pouco a pouco e indefinidamente, será preciso nos separarmos. O que dói é encontrar de novo a coisa amada, para enfim podermos nos desligar dela definitivamente. Entendamo-nos. O que dói é amar de novo, sim, mas sem que exista a pessoa imaginária que sustenta esse amor.

Mas, então, que é que perdemos quando alguém morre? Quando alguém morre, perdemos fundamentalmente o suporte imaginário que nos permitia amá-lo quando estava vivo. É isso que perdemos, mas não é essa perda que provoca a dor do luto. Insisto em que a dor provém do fato de reencontrarmos mil e uma vezes, tal como se reencontra um fio nos inúmeros nós do ofício de tecer, de reencontrarmos, portanto, a representação do objeto amado e perdido, mas sem o suporte imaginário que significava o outro quando estava vivo. Qual é esse suporte imaginário? É minha própria imagem devolvida pelo outro vivo e amado. Agora que ele já não está presente, reencontro seus traços e seu amor, mas sem por isso reencontrar minha própria imagem. O trabalho do luto consiste em eu me habituar a estar no silêncio da presença do outro perdido, mas sem o suporte de minhas imagens. Expressando-o em termos lacanianos, é preciso, no trabalho do luto, que eu ame o outro sem *eu ideal*, isto é, sem a imagem do outro, nem tampouco minha própria imagem.

Em suma, formulo a seguinte hipótese: a dor do luto se origina, não numa separação progressiva da representação do objeto amado, nem numa separação das partes do eu, mas se origina do fato de que, ao contrário, há uma ligação mais forte do que nunca com as representações do objeto amado, um superinvestimento, uma centração da representação do objeto amado, sem o apoio da imagem de mim mesmo que o outro era capaz de me devolver.

Lacan formula de maneira inequívoca o estado daquele que está de luto. Numa das aulas de seu seminário consagrado ao tema da Angústia, diz ele: "Ficamos de luto daquele para quem estivemos — sem sabê-lo — no lugar de sua falta." O outro, agora desaparecido, importava precisamente no registro imaginário, como superfície especular, porque estive, num ou noutro momento, no lugar de sua falta. Que quer dizer "estar no lugar de sua falta"? Quer dizer, exatamente, ocupar, por momentos e sem meu conhecimento, o lugar de objeto do desejo. Esse lugar é fundamentalmente um lugar vazio, que pode ser ocasionalmente ocupado por pessoas ou coisas. "... Estar no lugar de sua falta" significa, pois, estar no lugar do objeto do desejo daquele a quem perdemos. Ora, só fazemos o luto de uma pessoa desaparecida sob uma dupla condição: que essa pessoa tenha importado para nós como suporte imaginário, e que tenhamos ocupado para ela o lugar de objeto de seu desejo. Trata-se de dois níveis cruzados: o nível imaginário de restituição das imagens e o nível — chamemo-lo fantasístico — em que um dos parceiros toma o lugar do objeto do desejo. Na chamada ligação amorosa, os parceiros do casal se situam, cada qual a sua maneira, em ambos esses níveis. Retomemos então a fórmula de Lacan, parafraseando-a: ficamos de luto daquele que foi imaginariamente importante para nós — disso nós sabíamos —, e para quem fomos o objeto fantasístico de seu desejo — disso, não sabíamos. Finalmente, a proposição de Lacan poderia formular-se assim: para que haja luto de um ser desaparecido, é preciso que tenha havido com esse ser uma relação dupla, de amor e de fantasia. Essa proposição enuncia o que qualquer um pode ter experimentado, um dia, quando da morte de um ente amado.

Mas, formulemo-nos uma última pergunta: que é que faz com que um luto não seja elaborado? É a falta de tempo e a ausência do ritual. E que vem a ser um ritual? O ritual é o tempo necessário para retomar a representação do objeto perdido, superinvesti-lo e por fim, pouco a pouco, separar-se dele. O ritual cede lugar ao tempo; e um luto não realizado é um luto que não pôde se dar tempo. É o caso de Hamlet, quando seu pai é enterrado às carreiras, sem cerimônia nem funerais, sem que nada assegure o tempo psíquico indispensável para aceitar que o outro já não esteja presente.

•

Tivemos que fazer esse desvio pela dor do luto para deixar bem claro que, no término da análise, o que dói no analisando que perdeu a criança de sua fantasia não é tê-la perdido, mas reencontrá-la agora que a sabe irremediavelmente perdida. Atravessar a angústia, portanto, cede lugar à dor do luto.

Quadro das correspondências entre a angústia, antes da travessia da prova, e a dor do luto após a travessia

ANGÚSTIA antes da travessia	DOR DO LUTO após a travessia
A angústia surge frente à ameaça de perder tudo.	A dor aparece depois da perda de uma ficção. Ora, essa dor não se deve à perda, mas ao fato de reencontrar a ficção perdida quando se sabe que está irremediavelmente perdida.
Inassimilável	Assimilável
A angústia é convertida em sofrimento.	A dor não se converte.
Sendo convertida, ela oblitera o pensamento, petrifica o corpo e confirma o sujeito num narcisismo exacerbado.	A dor agudiza a percepção endopsíquica, leva a perceber a verdade e dá acesso a uma tristeza serena.

Atravessar a angústia é reencontrar o local de nascimento daquele que nunca deixei de ser

Trata-se de passar do inicial ao inicial. E assim é a vida...

Passemos agora à conseqüência mais decisiva da travessia da angústia, a do advento do analisando como sujeito. Ao sair da prova realizada, sua voz nos diria: "Compreendi que nunca perderei Tudo e que inevitavelmente perderei uma parte de mim mesmo. E, ao compreender isso, acabo de perder a ficção. Mas, que resta agora? Nada, não há mais nada da totalidade fictícia, do perigo fantasístico e da angústia; resto apenas eu. Que eu? O sujeito, ou seja, o único sujeito absoluto, singular, o do inconsciente, o sujeito que nunca deixamos de ser, porquanto ele já existia muito antes, sem que o soubéssemos. Compreendi em ato, e, ao compreender, redescubro aquele que eu já era sem saber." *Onde era isso, advim eu.* A célebre máxima freudiana, retraduzida por Lacan, ecoa para nós este oráculo eterno do Poema de Parmênides: "Coerente com seu término é para mim a partida, pois é para lá que de novo terei que voltar." Na ordem da constituição do sujeito, efetivamente, o término e a partida da análise coincidem; não existe, na análise, nem futuro nem advir, porque o ir adiante é, na verdade, um retorno, não ao passado, mas ao que é o mais inicial e autêntico em mim.

Agora vemos claramente que o percurso de uma análise descreve a trajetória circular de duas voltas que ligam numa espiral o ponto terminal ao ponto inicial de um processo cíclico e indefinido, permanentemente aberto. Tínhamos dois registros temporais da análise: um da ordem do acontecimento e cronológico, o outro psíquico e lógico; agora, podemos dizê-lo melhor. Esses dois registros se completam e descrevem um movimento geral da análise que segue um tempo ilimitado e cíclico. Essa concepção do tempo faz lembrar estreitamente a teoria neo-platônica do tempo, formulada por Plotino.*

---

* Se há um filósofo com quem podemos pensar proveitosamente o conceito de tempo em psicanálise, trata-se efetivamente do neo-platônico Plotino. Reportamo-nos à III Enéada. (N.A.)

Qual é, precisamente, esse ciclo aberto e ilimitado de um tratamento analítico? Ele comporta duas voltas circulares que não se fecham, mas descrevem uma curva em espiral, e três momentos singulares: a primeira entrevista (*M 1*), a prova da angústia (*M 2*) e o nascimento do sujeito (*M 3*). Descrevemos esse movimento cíclico e ilimitado pedindo ao leitor que se refira ao esquema seguinte.

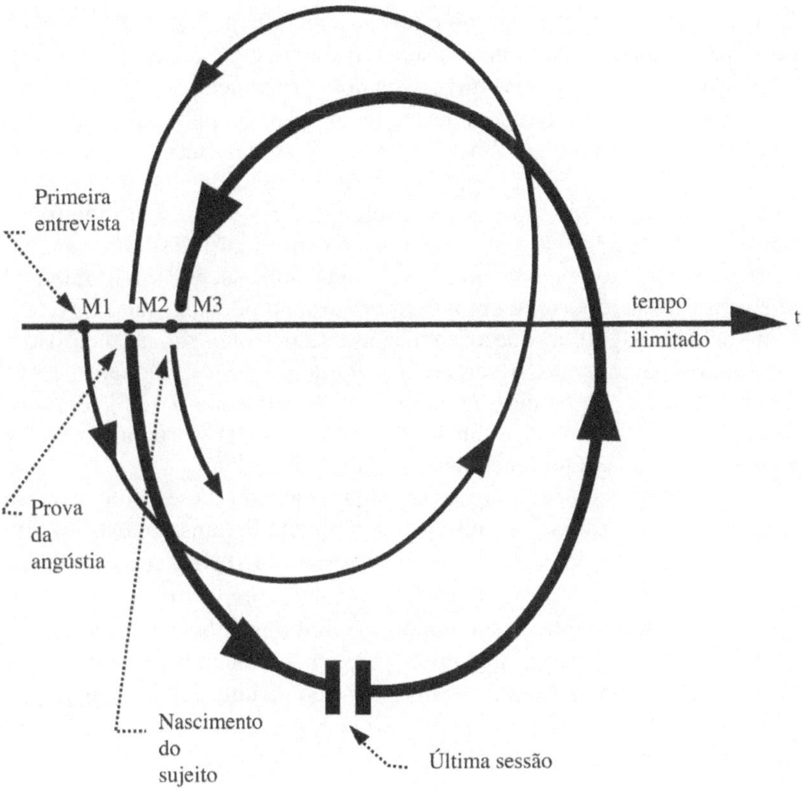

Três momentos da análise
- M1: Primeira entrevista
- M2: Prova da angústia
- M3: Nascimento do sujeito
- t: tempo ilimitado

Esquema da duração de uma análise

A análise como tratamento tem duração limitada. Mas a análise como processo psíquico tem duração cíclica e ilimitada

A primeira volta começa com o advento da primeira entrevista (*M 1*) e termina, após um giro completo, com o advento da prova da angústia (*M 2*). Esses dois momentos se superpõem, já que, na primeira entrevista, o analisando expressa seu sofrimento e, na prova da angústia, atravessa a fantasia que está na origem desse sofrimento.

A segunda volta também descreve um giro completo, que, tal como o anterior, permanece igualmente aberto. A volta começa com a saída bem-sucedida da prova da angústia (*M 2*) e termina, após a conclusão do giro, com o surgimento do sujeito absoluto (*M 3*) que o analisando trazia em si desde sempre, e que a passagem pela angústia só fez revelar. Revelação que não se dá de uma só vez, mas numa sucessão interminável de eventos. Esses dois momentos também se superpõem, já que a travessia bem-sucedida significa que o analisando se desligou de sua neurose e redescobriu, finalmente, o verdadeiro sujeito que nunca deixara de ser. Terminada a análise, somos agora esperados pelo sujeito que já éramos, sem que o soubéssemos, e em quem agora nos transformamos. Isso é porque já era: tal é a lei mais inelutável do inconsciente.

Em termos esquemáticos, poderíamos escrever da seguinte maneira os quatro termos sucessivos que balizam o ciclo de uma análise: sujeito do inconsciente imperceptível → eu neurótico → travessia da prova da angústia → encontro com o sujeito do inconsciente imperceptível. É compreensível, portanto, que o tempo requerido para fazer uma análise e terminá-la não seja, propriamente falando, sua duração linear e temporal — três anos, cinco anos etc. —, mas o tempo de uma experiência difícil e de uma revelação singular e reiterada. O tempo analítico se contrai como o momento pontual da emergência da verdade como ato.

•

Atravessar a angústia modifica a percepção de minha própria identidade sexuada

Antes de concluir, formulemo-nos uma última pergunta. Uma vez transposta a prova da angústia, já iniciado o luto e consumado o término da análise, que acontece? O analisando, no momento, elabora sozinho seu luto e entra no período que se convencionou chamar "pós-análise". Mas, sendo assim, que houve dentro dele? Que cicatriz deixou a experiência de auto-separação? Ou ainda, retomando a interrogação de Lacan, qual é o novo estado do inconsciente de um sujeito que tenha concluído sua análise? Trata-se de um inconsciente mais a experiência do inconsciente, respondeu ele. Diríamos nós: trata-se de um inconsciente mais a travessia da prova da angústia. É um inconsciente modificado, flexibilizado pela travessia de uma passagem dolorosa; um inconsciente mais maleável em sua capacidade de exercer a autopercepção inconsciente, ou, como a denominou Freud, a percepção endopsíquica. É como se, uma vez tendo a angústia passado através de mim, fosse-me agora possível perceber de maneira endopsíquica os limites de meu ser falante e sexuado. Que queremos dizer? Que foi que mudou no inconsciente? O que mudou foi a qualidade da percepção de nossa própria identidade sexuada. Antes da travessia da prova, o sujeito ignorava (recalcamento) a diferença entre os sexos e percebia a falta do falo como a falta de um Todo absoluto, de uma força absoluta. Pois bem, que acontece depois da prova? Irá ele finalmente reconhecer que a distinção sexual existe, que existem homens que são homens e mulheres que são mulheres? Fará melhor do que isso, fará algo diferente de reconhecer a existência da diferença sexual: saberá interrogá-la. Depois da prova, não mais se tratará de ignorar a distinção sexual, nem de postulá-la como um dogma inconteste. Ela não será recalcada nem dogmatizada, mas reconhecida e prontamente questionada. A percepção do sujeito, modificada pela travessia do passe, já não será absorvida pelo externo, mas voltada para o interno. Antes da prova, orientada para o exterior, a percepção ficava à espreita da castração do Outro, interpretada como a falta de um Todo; após a prova, voltada para dentro, a percepção apreenderá o enigma do ser sexuado.

•

PONTUAÇÕES

Não nos deixemos desvirtuar pela atração sedutora do histérico. Mais do que um sedutor, o histérico é um ser de medo.

•

Há três estados em que o histérico se acalma e se concede uma trégua: quando está amando, quando está triste e, em se tratando de uma mulher, quando está grávida.

•

A paixão do histérico é dupla: o amor e o ódio. Quando ama, ele ama seu parceiro com a exclusão de seu sexo; e, quando odeia, odeia o sexo do parceiro, desligado da pessoa amada. Esse amor e esse ódio, sempre passionais, se cruzam e se alternam infinitamente. Muitas vezes acontece o amor se transformar em devoção por um outro desprovido de sexo (enfermos, padres ou psicanalistas). E sucede o ódio se transformar num furor de arrancar o sexo do outro (devoração, felação).

•

A aparência sensual dos histéricos leva a crer que eles são povoados por um firme desejo sexual. Pois bem, à parte seu encanto, a vida sexual dos histéricos é conturbada, limitada e intrinsecamente insatisfatória.

•

O histérico vive sua sexualidade de três maneiras diferentes. Sofrendo no corpo, porque o sofrimento dos sintomas somáticos é o equivalente psíquico de uma satisfação orgástica. Masturbando-se, porque o prazer da atividade masturbatória é preferido ao perigo da relação sexual. E se dissociando entre a imagem resplandescente de um ser hipersexual e a dolorosa realidade de um sofrimento vivido como insensibilidade da zona genital.

•

A crise histérica traduz, na linguagem de um corpo que sofre, pantomimas eróticas que nunca existiram, a não ser a título de devaneios.

•

Na cegueira, o sujeito histérico perde de vista a imagem do outro, passando a centrar seu olhar inconsciente numa só coisa: o encanto libidinal do outro. O histérico perde a visão, mas conserva a intensidade de seu olhar.

•

Ora, o encanto libidinal do outro não é percebido pelo histérico como um traço sexual, mas como um atributo de força ou um sinal de fraqueza. O que excita o histérico não é a sexualidade do outro, mas a vulnerabilidade de sua força ou a reparação de sua fraqueza.

•

Quando o psicanalista propõe a seu paciente que se deite, está propondo também que ele se deixe histericizar, que perca a visão do mundo para olhar tão somente as fantasias do desejo. A histeria de transferência começa com o divã.

•

Por que não considerar que um dos lugares privilegiados da histeria em nossa época é a própria psicanálise? Afinal, o que é a psicanálise, senão a reprodução da histeria para curar a histeria? Lacan e Freud qualificam o processo analítico de "paranóia dirigida"; acrescentaríamos que ela é também uma histeria dirigida.

•

O histérico diria, substancialmente: "Para melhor afastar o perigo do gozo da relação sexual, faço questão de me certificar de duas garantias: que o Outro sofra de impotência e que me proíba de gozar." Dito de outra maneira, para evitar gozar, o neurótico torna o Outro impotente e proibidor.

•

Leitura da fórmula lacaniana da fantasia histérica

Lacan[14] reduziu a uma fórmula o movimento essencial da fantasia histérica de castração: $\frac{(a)}{-\varphi} \diamond A$, que lemos assim: o histérico olha ($\lessdot$) o Outro castrado (A), angustia-se e, diante dessa angústia, se identifica com o objeto imaginário que falta ao Outro (- φ). Assim, o (- φ) se transforma no (+ φ) encarnado pelo eu histérico. O eu é (+ φ), com exceção da zona genital, que, por sua vez, permanece anestesiada (- φ). O resultado dessa conversão, que o histérico julgava salvadora, é a dor da insatisfação (*a*), dor esta a que o sujeito acaba se reduzindo. Ou seja:

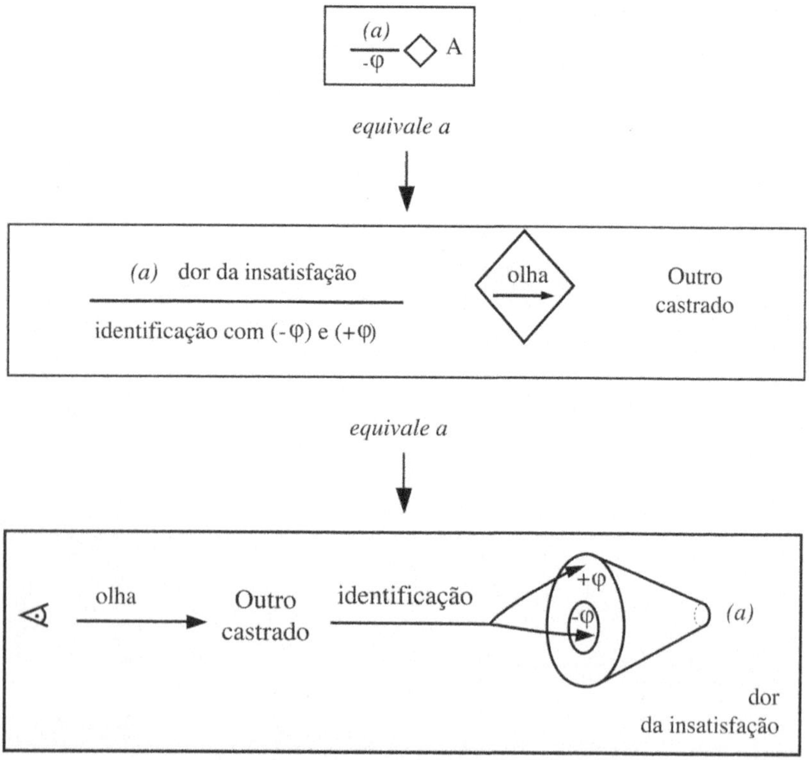

Presença libidinal da histeria: um exemplo clínico

"É só eu me deitar e alguma coisa vai embora, as palavras vão embora, a linguagem desaparece, e aparece o sentir. Quando estou aqui, eu me vivencio como uma nuvem, sinto-me auto-hipnotizada, como se estivesse sob a influência de uma hipnose provocada por mim mesma. Deito-me e me sinto muito dependente de tudo, de você e do que acontece comigo. E depois, pouco a pouco, sei que posso decidir sobre minhas emoções e sentir o que quiser. Eu me deito e, de repente, começo a sentir e a querer sentir ainda mais. Espero sentir, não só no nível do corpo, mas na cabeça. É como se houvesse um corpo na minha cabeça e a sensação tivesse que descer da cabeça para meu corpo físico. Sei que, quando experimentar a queda dessa sensação que desce, ela se transformará num orgasmo.

Fico muito chateada, porque não quero sentir aqui essas sensações proibidas. Fico esperando que a sensação desça, circule e chegue até meu corpo, mas pare logo antes do orgasmo. Não quero gozar aqui nas sessões, mas quero experimentar e viver tudo o que precede esse momento limite."

•

Exemplo de uma fantasia feminina de ódio e angústia histérica em relação à mãe-falo

"Tudo o que eu deixava transparecer quando menina corria o risco de ser destruído por minha mãe. Ela queria que eu não existisse, que eu fosse embora e me suicidasse. Mas não quero me suicidar, porque isso daria prazer demais a ela. É, eu a odeio, e não me mato para não satisfazer seu desejo de me ver morta. Por mim, tenho vontade de matá-la e de juntar minhas forças para fazê-la desaparecer. Existe um problema de masculino e feminino em mim, porque sou mulher, mas também gostaria de ser um homem que soubesse enfrentar a destruição que vem de minha mãe. Meu pai nunca teve importância em casa e nunca me defendeu; ao contrário, eu é que era, sozinha, o homem que ousava se opor a minha mãe."

•

PERGUNTAS E RESPOSTAS SOBRE A HISTERIA

❑ *O senhor situou a histeria na base das neuroses, enquanto outros autores fizeram dela, se assim podemos dizer, a mais sadia das neuroses. Que acha disso?**

Toda histeria encerra um núcleo de tristeza

De fato, classicamente, alguns analistas consideram que a histeria é a mais madura das neuroses, porque, do ponto de vista do desenvolvimento da libido, é a que mais se aproxima da etapa final, da chamda etapa genital. O principal defensor dessa posição foi K. Abraham, aos olhos de quem a histeria, estando fixada na fase fálica, estádio imediatamente anterior ao acabamento genital, era a neurose mais evoluída. Ora, a clínica nos mostra, ao contrário, que convém considerar a histeria como a mais primária na escala das neuroses, aquela sobre a qual se edificam as estruturas obsessiva e fóbica. Essa é não apenas nossa posição, como tentamos demonstrar em nosso texto, como foi também a de Lacan e de Melanie Klein. Principalmente de Lacan, que, depois de fazer da histeria o paradigma das neuroses, fundou o *discurso histérico*, considerado a estrutura típica que ordena qualquer neurose, ou, mais exatamente, qualquer vínculo neurótico. Acrescentamos ainda a relação que a histeria mantém com a própria psicose, em particular com a melancolia e a esquizofrenia. A teoria kleiniana, por exemplo, concebe a histeria como

* Todas as perguntas que tento responder aqui foram redigidas a partir das intervenções formuladas em seguimento a diferentes exposições orais sobre o tema da histeria.

uma barreira defensiva contra um núcleo psicótico melancólico.[15] Para um psicanalista kleiniano, o paciente histérico é, antes de mais nada, um melancólico em potencial. Não podemos desmentir essa orientação, que a clínica confirma com tanta freqüência, mas, em contrapartida, não utilizamos os mesmos conceitos para pensar a relação da histeria com a melancolia. Empregamos outros termos neste trabalho, para sustentar quão de perto a identificação histérica com a dor da insatisfação se aproxima da hiância psicótica da melancolia.

•

❑ *Haveria uma disposição particular de alguns sujeitos para a histeria?*

"Somos todos histéricos!"

Primeiramente, devo responder-lhe que, em certas ocasiões e de maneiras muito diversificadas, todos somos neuróticos, pois todos temos que nos confrontar com a fantasia de castração, e fazê-lo indefinidamente. A experiência da castração se renova ininterruptamente ao longo de toda a existência, e estamos cotidianamente expostos à histeria, assim como à fobia ou à obsessão. Eu deveria retomar aqui a conclusão de um célebre psiquiatra contemporâneo de Freud, Moebius, que, preocupado em ampliar o conceito de histeria, exclamou: "Somos todos histéricos!" Dito isso, não podemos negar que alguns sujeitos passam com facilidade pela prova da castração, enquanto outros ficam fixados nela e se desgastam. Mas, retomando sua pergunta, devo lembrar-lhe, inicialmente, que Freud considerava a predisposição para a neurose um enigma irresolúvel. Entretanto, Breuer, companheiro de Freud, construiu uma teoria etiológica da histeria, baseada, precisamente, num estado particular do eu, que deixaria o sujeito mais exposto a sofrer um trauma e se tornar histérico. Breuer acreditava que, para provocar um trauma gerador de histeria, era preciso não apenas o impacto local do choque traumático, mas principalmente que esse impacto encontrasse uma predisposição psíquica favorável, propiciada por um eu afetado por um nível precário de consciência. Ora, dado que esse estado psíquico de obnubilação crepuscular, muito permeável ao impacto de uma agressão, podia ser artificialmente reproduzido sob hipnose, Breuer o denominou de "estado hipnóide". Como Freud, Breuer batizou a histeria segundo a causa principal que privilegiava. Sendo a causa essa predisposição psíquica particular, chamada "hipnóide", ele denominou a histeria de "histeria hipnóide".

•

❑ *O senhor poderia esclarecer melhor as razões pelas quais não haveria uma histeria feminina diferente da histeria masculina?*

Antes de responder, eu gostaria de lembrar que este ensaio sobre a histeria traz, de maneira muito nítida, a marca de meu trabalho como analista. Efetivamente, para formular as hipóteses de hoje, foi preciso situar-me, primeiramente, no espaço do consultório analítico, ter sido analisado, ter-me sentado na poltrona do psicanalista e ter-me submetido à experiência da escuta. Assim, evidencia-se claramente que, num ou noutro momento da análise, alguns pacientes adotam, conforme sua maneira de ser e de dizer, aquilo a que chamamos uma posição histérica; uma posição que tanto pode ser assumida por um homem quanto por uma mulher, sem diferença específica. A posição histérica não se deixa reduzir ao dualismo homem/mulher. Por isso, cremos que é um erro estudar, como fizeram Charcot e até mesmo alguns autores contemporâneos, uma entidade que se pudesse chamar "histeria masculina". Não apenas a prática, mas também a teoria, tiram a validade da distinção entre histeria feminina e histeria masculina. Afirmar essa divisão é ignorar que a histeria encarna, como vimos, o sofrimento de ser indeterminado quanto à própria identidade sexual. O histérico sofre por não saber se é homem ou mulher. Não pode afirmar-se homem ou mulher, porque permaneceu no limiar da prova da angústia de castração. Afirmar que o histérico sofre por não saber se é homem ou mulher equivale a dizer que ele permanece fixado em sua fantasia, na qual o mundo não se divide entre homens e mulheres sexuados, uns dotados de pênis e outros, de vagina, mas é clivado entre os possuidores do falo e os que são desprovidos dele. É preciso sermos claros: o mundo do histérico é um mundo infantil, composto de poderosos e impotentes, fortes e fracos, moços e velhos, atletas e deficientes. O histérico sofre porque se engana de cena: seu drama se desenrola numa realidade fantasística de criança, onde a oposição homem/mulher é inexistente, ao passo que ele vive esse drama num mundo em que a realidade sexuada certamente é problemática, mas incontornável.

Evidentemente, hoje poderíamos chamar de histeria masculina a histeria pela qual um homem — anatomicamente falando — fosse afetado; mas tal classificação seria um profundo contra-senso em relação ao próprio sofrimento da histeria: sofrer por não se saber homem ou mulher, ou, mais exatamente, recalcar a diferença entre os sexos a ponto de ignorá-la. Qual é, de fato, o desejo do histérico? Sabemos, com Lacan, que o desejo do histérico é um desejo de insatisfação. Mas, tratemos de nos entender bem: de que insatisfação se trata? Não apenas da insatisfação vivida pelo histérico e na qual ele se compraz tão obstinadamente, mas também da insatisfação própria da relação entre um homem e uma mulher. O desejo do histérico é o desejo de localizar o ponto de insatisfação de um homem em relação à mulher que ele ama, ou de uma mulher em relação ao homem amado. O histérico sempre tende a se instalar no coração do casal, ali onde a ligação homem/mulher é falha, por eles serem seres sexuados e falantes. Mas convém igualmente compreender que o histérico sofre com sua indeterminação sexual, mas ao mesmo tempo a alimenta como uma ambigüidade necessária e tranqüilizadora. Digamo-lo de outra maneira: o histérico prefere ignorar seu sexo e sofrer com essa ignorância do que atravessar a dolorosa prova da castração que o levaria, não a ser homem ou mulher, mas a poder sustentar o enigma do sexo do homem e da mulher.

•

❑ *Por que há mais histéricas do que histéricos?*

Sua pergunta é uma indagação velhíssima, que os psiquiatras, os etnólogos e os psicanalistas sempre se formularam, mas à qual nunca responderam de maneira decisiva. Tentarei responder-lhe do ponto de vista psicanalítico, sem esquecer que o problema já foi longamente tratado no campo da etnopsiquiatria, e amiúde de maneira notável. Será apenas em nossa cultura ocidental e judaico-cristã que encontramos a afinidade histeria-feminilidade? Que acontece nas outras civilizações contemporâneas? Ou ainda, no seio de nosso próprio contexto cultural, qual é e qual foi a influência, sobre esse fato social evidente, das figuras femininas da religião cristã — Eva, Maria, Maria Madalena etc. —, todas histéricas exemplares? Essas interrogações, repletas de interesse, são legítimas e merecem que as estudemos seriamente.

Passemos agora a uma resposta psicanalítica, lembrando, inicialmente, uma importante proposição teórica que já desenvolvemos, a saber: o histérico sofre como histérico porque permanece petrificado na posição de ser o objeto querido, amado e desejado do outro, de um Outro com O maiúsculo, já que é o Outro de suas fantasias inconscientes. Ora, se existe alguém que, normal e obrigatoriamente, tem que passar por esse estádio de ser o objeto do Outro, esse alguém é justamente a mulher. Na verdade, a mulher, em seu tornar-se mulher, segundo a teoria freudiana, tem que atravessar a identificação com o objeto do pai, isto é, com o falo. Para suportar a constatação de uma castração já existente e encontrar uma solução para a vontade de possuir um pênis, a menina se identifica com o pênis, ou, melhor dizendo, identifica-se com o falo do pai. Já que não tem o objeto tão cobiçado, então ela se transforma nesse objeto, torna-se o falo paterno. Observemos desde já duas ressalvas. Primeiro, a identificação com o objeto fálico paterno pode facilmente variar e evoluir para uma identificação com os diferentes traços da pessoa do pai. E além disso, segundo ressalva, essa identificação nunca é cristalizada. A menina, em seu tornar-se mulher, atravessa provisoriamente, durante alguns anos, uma fase masculina: ela se faz menino, que é uma maneira de ser o falo paterno. Essa fase dura, em princípio, até a puberdade, idade em que a adolescente finalmente vê eclodir sua feminilidade.

Ora, que acontece com o histérico? Por que há mais histéricas do que histéricos? Ou melhor, por que a histeria é sempre marcada pela feminilidade? Pois bem, porque todo neurótico histérico, seja ele homem ou mulher, passou a realizar a mesma identificação com o falo do Outro paterno que a mulher realiza em sua evolução normal. Só que com uma diferença essencial: o tornar-se feminina de uma mulher comporta necessariamente o reconhecimento, não sem dor, de que seu sexo permanece um enigma, mas não é o falo nem a ausência de falo. O histérico, ao contrário, permanece ancorado na identificação neurótica e dolorosa com o falo. Agora podemos compreender que haja mais histéricas do que histéricos, porque a mulher está sempre mais exposta do que o homem a se cristalizar na identificação fálica.

•

❑ *O senhor poderia dizer melhor com que objeto se identifica o histérico?*

A identificação do histérico

Eu diria, para começar, que o eu do histérico efetua uma identificação com a imagem do outro, considerado apenas na condição de ser sexuado. Mais exatamente, com a imagem da região genital do outro. Essa expressão, "região genital", foi empregada por K. Abraham para indicar o lugar imaginário do sexo do outro, intensamente investido pelos pacientes histéricos, em detrimento do restante da imagem da pessoa. É como se o sujeito histérico focalizasse e precipitasse todo o seu eu no foco genital da imagem do outro, anulando o resto da imagem. Foi precisamente essa identificação do eu histérico com os órgãos genitais do outro que desenvolvemos a título de identificação do sujeito com o falo que falta ao Outro castrado. Entretanto, Abraham reconheceu também a possibilidade inversa: o histérico se identifica com a imagem de conjunto da pessoa, mas desprovida de sexo; é como se, no nível da genitália, a imagem fosse opacificada por uma mancha branca.

Recordemos a passagem em que K. Abraham, no segundo volume de suas *Obras Completas* (p. 300 [da edição francesa]), descreve essa dupla modalidade de identificação parcial, comentando o caso de uma paciente histérica em sua relação com o pai. "Uma superabundância de manifestações neuróticas permitiu constatar o interesse compulsivo exclusivo [da paciente] por uma única parte do corpo de seu pai, o pênis. O pai já não se revestia, aos olhos dessa paciente, do caráter de um ser total, persistindo apenas como uma parte dele. Esta parte era objeto de sua compulsão de ver (espreitar os contornos dos órgãos genitais através das roupas do pai). Além disso, *ela se identificava inconscientemente, ora com o pai, ora com seus órgãos genitais*, que se haviam tornado o representante dele."

A fim de ilustrar melhor essa dupla identificação com a imagem do outro, retomemos sucintamente o caso de Dora, a paciente histérica de Freud. Veremos em ação o modo como Dora se identifica, seja com a imagem do outro reduzido unicamente ao lugar genital, caso em que ele é percebido como coisa sexualmente *desejável*, seja com a imagem do outro privado do lugar genital, caso em que o outro, por conseguinte, é percebido como sexualmente *desejante*, na medida em que, tendo um buraco, ele deseja preencher sua falta. Recordemos a intensidade com que Dora pode assumir dois papéis complementares, desempenhados pela Sra. K. (desejável) e por seu pai (desejante), na cena de sua própria fantasia histérica. Primeiro, o papel em que a Sra. K. se revela um objeto sexualmente *desejável* aos olhos do pai; a Sra. K. fica então reduzida à dimensão exclusiva de coisa sexual, de coisa sexualmente desejável por um amante masculino.[16] Inversamente, porém, Dora também pode desempenhar o papel oposto, o do *desejante* habitado pela falta; identifica-se então com o pai, desejoso de uma mulher. Ora, convém assinalarmos aqui que o impulso desse movimento identificatório com o desejante é imprimido por uma tendência fundamental do seu histérico a se identificar, não apenas com o desejante que busca, mas também com o desejante que goza ao buscar, um desejante puro que goza por ficar em estado de desejo. Assim, a identificação mais imediata de Dora com o pai desejante faz parte de uma linha que se estende para o horizonte intangível onde enfim se encontraria a essência enigmática da feminilidade. Dora espera, portanto, além de todos os limites, juntar-se à Sra. K., dessa vez fantasiada, não como coisa desejável, mas como arrebatada pelo mais elevado desejo, o misterioso desejo feminino, um desejo puro e sem objeto assinalável.

Mas há ainda uma terceira modalidade da identificação histérica. Essa variação, meio inadmissível para o pensamento, tem, ainda assim, uma importância clínica decisiva. O eu histérico se identifica não apenas com a imagem local do outro — seja com a Sra. K., coisa sexualmente desejável, seja com o pai desejoso da dama —, mas também com a emoção do orgasmo fantasiado por Dora no abraço de um homem e uma mulher. Já em 1895, Freud não hesitou em fazer do ataque histérico o equivalente de um orgasmo. Quando os senhores virem uma histérica desmaiar, não duvidem — disse Freud claramente —: o sujeito faz mais do que gozar, ele se identifica com a emoção sexual partilhada pelos parceiros do casal fantasiado. Já não basta afirmar que o eu histérico se identifica com a imagem do outro sexualmente desejável, nem com a do outro sexualmente desejante; é preciso ir ainda mais longe e concluir — mesmo que isso pareça surpreendente — pela perfeita assimilação do eu ao próprio fato da emoção sexual do casal. Uma emoção que, não nos esqueçamos, é fundamentalmente a insatisfação do casal, porque, na fantasia do histérico, o encontro sexual é sempre um fracasso.

Vemos como, na unidade de uma única entidade clínica, a histeria, encontramos contida a diversidade das três variedades de identificação do eu com um aspecto parcial do outro. Nenhuma estrutura clínica encerra uma pluralidade tão nítida de identificações parciais, irredutíveis entre si e igualmente complementares. A histeria consiste, decididamente, na assunção, um a um, de todos os lugares do cortejo sexual, de todas as posições relativas ao desejo. Qualquer sonho, sintoma ou fantasia histéricos condensa e atualiza uma tríplice identificação: identificação com o outro desejado, com o outro desejante e com a insatisfação dos dois amantes. Conviria até acrescentar uma última identificação típica da histeria, com o personagem terceiro que une ou separa o casal. Assim, à questão mais genérica sobre a natureza do objeto da identificação histérica, seria preciso responder: o objeto da identificação não é a mulher amada,* nem o homem amante, nem tampouco sua insatisfação sexual comum, e nem ainda o terceiro personagem afastado da cena, mas tudo isso junto e simultaneamente. Numa palavra, o objeto central da identificação histérica não é um objeto preciso, mas o *vínculo* que une entre si os parceiros do casal fantasístico.

•

❑ *Então, o senhor discerne quatro modalidades de identificação histérica: com o homem desejante, com a mulher desejável, com o outro que provoca seu encontro e, por fim, com a insatisfação do casal homem e mulher, não é?*

Maternidade e histeria

Exatamente. Mas o senhor me dá a oportunidade de insistir em minha hipótese sobre a quinta identificação histérica. De fato, o sujeito histérico se identifica com o homem, com a mulher, com o terceiro excluído de seu encontro e com a dor que os separa, mas, acima de tudo — essa é a última identificação —, com o espaço que une e contém o casal. A vida de uma histérica é atravessada pela fantasia fundamental que continua a se perfilar no horizonte, e que se formularia da seguinte maneira: ''Eu sou — diria o histérico — não o homem, nem a mulher, nem a dor de sua ligação, mas esta terra que acolheu seu encontro divino, um encontro sem troca carnal, do qual assim mesmo eu seria o fruto.'' É essa a quinta identificação; ela corresponde à fantasia em que o sujeito histérico funciona como o cadinho que abriga e protege o acasalamento divino de dois corpos assexuados. Uma fantasia que me levou a considerar essa última identificação do histérico como uma identificação com o útero, na qualidade de órgão oco que contém a fecundação das células germinativas, sem nenhum corpo sexuado que as tenha produzido. É como se, no histérico, o útero fosse, nas palavras de Platão, um órgão migratório, um falo móvel que errasse

* Vê-se porque é um erro acreditar que o desejo histérico é um desejo homossexual. (N.A.)

por seu mundo fantasístico: de órgão interno, ameaçado pela penetração, ele se transforma no continente externo que abarca dois corpos imaculados. A notável observação de Platão, que imaginou o útero como um animal sedento e errante no corpo da mulher, em busca de um conteúdo capaz de preenchê-lo e apaziguá-lo, toca no ponto mais crucial de nosso trabalho clínico com pacientes histéricos. Esse ponto concerne à questão da maternidade. Quantas vezes, de fato, fomos sensíveis à diminuição do sofrimento histérico nos últimos meses de gravidez desta ou daquela analisanda? É como se a maternidade fosse, a sua maneira, uma variação possível da travessia da prova da castração, na qual o útero deixasse de ser um falo ameaçado e à deriva para dar lugar a essa outra imagem do falo que é o filho por nascer.

•

❑ *Acompanhei sem dificuldade a aproximação que o senhor faz entre a recusa da castração e a recusa da feminilidade no neurótico, mas que acontece com a feminilidade num homem neurótico que tenha conseguido atravessar a prova da angústia?*

A feminilidade do pai

Sua pergunta é importante porque toca na relação do homem com a feminilidade e com a função paterna.[17] De fato, quando o neurótico se arrisca e atravessa a prova da angústia, a feminilidade que ele repelia com horror — feminilidade encarnada pela imagem de uma mulher castrada e humilhada — se transforma numa outra feminilidade: a dele próprio, que podemos denominar de lado feminino do homem. Pois bem, eis minha hipótese: creio que o homem convocado a ocupar o lugar de pai tem que reconhecer em si seu lado feminino. Na verdade, aquele que reconhece com dor seu lado feminino tem mais possibilidade de assumir o difícil papel de pai do que aquele que não reconhece sua feminilidade. Por quê? Para responder a isso, é preciso retomarmos nossa definição da neurose. Ocorre que uma maneira de caracterizar o sofrimento neurótico seria afirmar que o neurótico é aquele que, angustiado, recusa sua feminilidade, isto é, recusa entregar-se ao Outro, por medo de que ele o maltrate, o penetre ou o violente. Para o neurótico, a feminilidade — *sua* feminilidade —, como dissemos, é sinônima de passividade e submissão. Para ele, ser mulher é viver o que é vivido pela mulher de suas fantasias. E que vive ela? Ela padece por ser castrada. A mulher fantasiada, neuroticamente fantasiada, é um ser castrado, submisso e sempre exposto à ação perversa de um Outro, ou, mais exatamente, à ação de um pai perverso e tirânico. Eu gostaria de insistir e grifar bem que a idéia que o neurótico forja para si da feminilidade é inteiramente oriunda de suas fantasias angustiantes de castração, e que essa idéia nada tem a ver com a concepção psicanalítica da feminilidade. Detenho-me neste ponto porque existe um impressionante mal-entendido entre a psicanálise e algumas correntes de pensamento — amiúde feministas — que assemelham a fantasia do neurótico à teoria analítica, e assim censuram os psicanalistas pela idéia neurótica da mulher castrada e, por conseguinte, submissa.

Não posso me retardar no desenvolvimento dessa observação neste momento, mas essa chamada era necessária para compreender o sentido da expressão: recusa da feminilidade. Recusar sua feminilidade significa, pois, para o neurótico, recusar com medo o risco imaginário de perder alguma coisa de seu ser, ou de perder seu ser inteiro: "Não quero me submeter nem ficar dependente de um Outro que considero um pai onipotente, supostamente capaz de me penetrar e me destruir, mas que ainda assim eu amo." A neurose, portanto, comporta quatro componentes: a angústia de me sentir ameaçado por um Outro perverso (o pai), a recusa obstinada de me abrir para ele, a demanda imperiosa de que ele continue a me amar, e os efeitos da angústia constituídos pela obliteração do pensamento e do corpo (sintomas). Vocês podem bem imaginar que, em tal estado subjetivo, o neurótico tenha uma dificuldade extraordinária de assumir o papel de pai, de ser ele mesmo um pai. Por quê? Por duas razões. Primeiro, porque seu próprio pai, o pai de suas fantasias, já ocupa todo o espaço; o neurótico, em termos fantasísticos, permanece criança. E depois, porque ele não pode e não quer se identificar com esse pai a quem teme, ama e detesta.

Agora, vejamos o homem que, contrariamente ao neurótico, aceita seu lado feminino. Esse homem conseguiu atravessar com êxito a prova da angústia e compreender que, seja qual for a saída dessa passagem, uma perda inevitável persistirá. Anteriormente, ele se angustiava com a idéia de arriscar todo o seu ser; agora, compreendeu que, sejam quais forem os riscos dessa prova psíquica, ele nunca será inteiramente destruído e, de qualquer maneira, perderá uma parte de si. Ele já não tem que fazer escolhas, mas sim viver o que tiver de viver. Nessa passagem bem-sucedida, o Outro de suas fantasias deixa de ser um pai castrador para se tornar, simplesmente, um ser dentre outros, marcado por um limite comum a todos os seres humanos. Isso significa que o sujeito que tiver superado a prova integrará seu lado feminino. Ou seja, assumirá serenamente a ausência de uma identidade sexual estabelecida de uma vez por todas, e a impossibilidade de definir com certeza a natureza do ser sexual homem e do ser sexual mulher. *Aceitar seu lado feminino é, para o homem, aceitar manter seu ser sexuado como um enigma que reaviva e anima seu desejo.* O homem, tendo assim aceito sua feminilidade, e vindo um dia a se tornar pai, estará na melhor posição subjetiva para conduzir seus filhos às portas da prova que dá acesso à idade adulta.

A CEGUEIRA HISTÉRICA SEGUNDO AS TEORIAS DE CHARCOT, JANET, FREUD E LACAN

Consideremos agora esse sintoma conversivo reconhecido desde sempre como o emblema do sofrimento histérico, a saber, o enceguecimento, ou, mais exatamente, a cegueira histérica.* Num texto de grande concisão, Freud se serviu desse distúrbio visual como exemplo ilustrativo da concepção psicanalítica da formação do sintoma.[18] No curso desse trabalho, Freud mencionou as diferentes teorias etiológicas da histeria propostas pela Escola Francesa da época (Charcot, Janet, Binet etc.) e convidou o leitor a se reportar às obras desses autores. Depois de seguir o conselho de Freud e consultar os diversos tratados sobre a histeria publicados na França no final do século XIX, saímos dessa leitura muito surpresos diante da extrema proximidade das visões, em particular entre Freud e Janet. De fato, em *L'État Mental des Hystériques* [O Estado Mental dos Histéricos], obra principal de Pierre Janet, deparamos com trechos notáveis e frases decisivas acerca, precisamente, da cegueira histérica. Algumas proposições desse livro e de outras obras de Janet foram retomadas quase que palavra por palavra nos textos freudianos. Existem frases que, curiosamente, os psicanalistas citam como provenientes da pluma de Freud, embora tenham surgido inteiramente do pensamento de Janet. É o caso, por exemplo, da seguinte formulação enunciada por Freud em seu artigo, e freqüentemente retomada e comentada em inúmeros escritos analíticos, que, salvo por alguns detalhes, encontramos em Janet: "Os que são

* Embora *aveuglement* e *cécité* possam ambos traduzir-se por "cegueira", apenas o primeiro desses termos, aqui traduzido por "enceguecimento", tem, na língua francesa, os sentidos figurados que ultrapassam a simples denotação da cegueira (*cécité*) física, ou seja, irreflexão, falta de discernimento, deslumbramento, obcecação etc. (N.T.)

atingidos pela cegueira histérica, portanto, são cegos apenas para a consciência; no inconsciente, eles vêem.''

Essas afinidades entre a obra freudiana e a da Escola Francesa nos incitaram a estabelecer um quadro evolutivo entre três teorias, as de Charcot, Janet e Freud, sobre a gênese da cegueira histérica. Esse quadro nos mostrará como, a partir de Charcot, o pensamento sobre a histeria se modificou progressivamente, até chegar ao ponto de ruptura radical efetuado por Freud. Para completar, acrescentamos ao quadro a contribuição da concepção de Jacques Lacan.

•

A teoria de Charcot sobre a cegueira histérica

''Não vejo mais'' é igual a ''cegueira''.

Para Charcot, assim como para muitos outros psiquiatras de sua época, especialmente Briquet, a histeria era uma doença produzida pela ação incisiva de uma idéia ou de uma representação psíquica intensamente carregada de afeto. Quando a representação é forte, isto é, quando representa uma sensação intensa, excessiva, ela tem o imenso poder de se transpor abruptamente para a realidade do corpo e de aparecer sob a forma de um sintoma somático. Se, por meio do hipnotismo ou da auto-sugestão, uma idéia penetra na psique permeável do sujeito e assume um alto valor afetivo, o corpo executa imediatamente o conteúdo da idéia. A representação de um movimento intensamente sentido, como ''sinto que estou andando'', já é o próprio movimento em vias de execução: o sujeito efetivamente anda. Quando tomamos o exemplo contrário, o da representação da ausência de movimento — ''não posso mais andar'' —, já surge a paralisia motora. Numa palavra, para autores como Briquet, Charcot e Bernheim, o sofrimento corporal histérico era resultante da encarnação plástica de uma idéia, ou, mais exatamente, a tradução, na linguagem do corpo, de uma frase gramatical afirmativa ou negativa. Grifemos o caráter gramatical da frase, pois foi justamente nesse ponto que Janet marcou uma de suas discordâncias de seu mestre Charcot. É fácil deduzirmos que o distúrbio histérico da visão, no qual o sujeito perde potencialmente a vista, seria explicado pelo impacto de uma representação que dissesse: ''não vejo mais''. Assim, a cegueira histérica, segundo esses autores, era produzida por uma representação fortemente carregada de afeto, que enunciava a ausência de visão: ''não vejo mais''; e, inversamente, essa representação seria a causa do enceguecimento.

Adiantemos ainda que essa concepção era comum a Charcot e a Bernheim. Esses dois mestres da psiquiatria divergiam, contudo, na maioria das questões que diziam respeito à histeria. Uma das divergências mais marcantes pode ser assim resumida: Charcot considerava que a representação patogênica ter-se-ia introduzido no sujeito por ocasião de um incidente traumático provocado por um agente externo. Para justificar a validade dessa afirmação, ele praticou o hipnotismo. Assim, demonstrou que a injunção de uma frase ou uma idéia imposta ao sujeito hipnotizado era susceptível de provocar um sintoma histérico. Bernheim, ao contrário, considerava que a citada representação nascia espontaneamente no interior do sujeito, por auto-sugestão. Segundo Bernheim, ao dizer a si mesmo que não conseguia ver, o histérico se tornava automaticamente cego.

•

A teoria de Janet sobre a cegueira histérica

O ''não vejo mais'' de Charcot
foi substituído, na teoria de Janet,
por um ''ver'' que vagaria a esmo no subconsciente.
O ''ver'' vagando a esmo no subconsciente equivale à
ausência de visão na consciência (cegueira).

Pierre Janet, aluno de Charcot e contemporâneo de Freud, estudou em inúmeras obras, com grande rigor, o fenômeno da cegueira histérica. Janet, como todos os autores da época, apoiou sua teoria no seguinte princípio básico estabelecido por Charcot e Briquet: uma idéia, ao ser excessivamente carregada de afeto, traduz-se inevitavelmente numa alteração somática. A histeria, portanto, seria uma doença por representação. Para esse princípio amplamente aceito, Janet trouxe numerosas correções. Suas retificações são extremamente importantes para nós, psicanalistas de hoje, porque algumas delas não apenas viriam a ser retomadas por Freud, como nos foram transmitidas através de várias gerações de analistas. Mas, quais foram essas retificações introduzidas por Janet? Aqui estão as principais.

Recordemos, primeiro, uma observação preliminar. Janet postulou a necessidade de separar dois planos radicalmente diferentes na vida psíquica. Seguindo a teoria — extremamente interessante para nós — de Maine de Biran, e além dela, a de Leibniz, Janet distinguiu o plano da consciência e o plano do subconsciente. Esses dois planos ficavam contidos numa instância mais global, que Janet denominou de eu. Assim, esse eu seria capaz de *sintetizar* numa só percepção (chamada "percepção pessoal") os dois registros, consciente e subconsciente. A percepção do eu sintetizaria, simultaneamente, uma sensação subconsciente e o reconhecimento dessa sensação pelo pensamento consciente. A sensação subconsciente de "ver", por exemplo, seria imediatamente sentida por minha consciência como uma sensação que me seria própria. O eu realizaria uma percepção que sintetizaria os dois aspectos, subconsciente e consciente, sob a forma de um "eu vejo".

Assim, a partir dessa condição preliminar, Janet construiu sua concepção etiológica da histeria. Formulou a hipótese de que a causa da doença residia na fragilidade psicológica do eu dos histéricos para efetuar uma síntese mental. O histérico adoecia porque seu eu era incapaz de sintetizar a sensação e o pensamento que a apreende, o vivido e as palavras que o dizem. Na impossibilidade de síntese, o eu se dissociava, e a distância entre a consciência e o subconsciente ia aumentando até fazer deles duas instâncias completamente autônomas. Daí, portanto, resulta o seguinte:

1. ❑ Segundo Janet, a representação psíquica "não vejo mais", que, segundo Charcot, estava na origem da cegueira, era uma representação complexa demais para que o eu enfraquecido do histérico pudesse reconhecê-la e integrá-la. Em lugar do eu demasiadamente permeável de Charcot, que deixava a representação "não vejo mais" introduzir-se no psiquismo e se converter diretamente em cegueira, Janet propôs um eu fraco demais para elaborar o afeto "ver" através de um pensamento coerente. Enquanto, para Charcot, o problema da histeria residia na permeabilidade do eu, para Janet ele residia na fraqueza psicológica do eu.

2. ❑ Janet considerou, portanto, que o eu histérico era fraco demais para sintetizar uma frase tão elaborada quanto o "não vejo mais" proposto por

Charcot. Era preciso, pois, no caso do eu fragilizado do histérico, suprimir os dois componentes mais abstratos da frase ''eu não vejo mais'', a saber, o pronome pessoal ''eu'' e a negação ''não mais''. E conservar tão-somente a sensação subconsciente pura, reduzida a um simples ''ver''.

3. ❑ Por isso, restava-nos apenas o verbo ''ver'', pertencente ao subconsciente. Como elemento primitivo, sensação pura, o ''ver'' escaparia a qualquer influência de um eu sintetizador fraco que quisesse assimilá-lo numa operação abstrata: a negação. Com Charcot, a representação era um *''eu não vejo mais''*, e se localizava no campo indeterminado do mental; com Janet, a representação passou a ser *''ver''*, e se localizou no domínio bem determinado do subconsciente. O nome dado por Janet a essa representação subconsciente e rebelde ao eu histérico foi ''idéia fixa subconsciente''.

4. ❑ Assim, a representação ''ver'' ficava sendo uma representação altamente carregada de afeto, isolada, desligada do eu e vagando a esmo pelo espaço do subconsciente. Como essa representação, ''ver'', ficava excluída e não-integrável no conjunto das representações que compunham o eu histérico, a atividade visual também faltava ao conjunto das funções do eu. Dito de outra maneira, já que a representação ''ver'' faltava no eu, a visão faltava no sujeito (cegueira).

Por isso, a falta da representação ''ver'' no eu se traduzia por uma ausência de visão no corpo. A cegueira histérica, portanto, não era provocada *pela ação* de uma representação ''eu não vejo mais'' (Charcot), e sim *pela falta* de uma representação subconsciente, rebelde ao eu: ''ver''.

Paremos aqui por um instante e peçamos ao leitor que volte a nossa elaboração sobre a teoria freudiana do trauma como causa da histeria. O leitor poderá constatar o quanto a ''idéia fixa'' de Janet é irmã gêmea da representação irreconciliável de Freud. Duas irmãs aparentemente semelhantes, mas que, tal como os gêmeos, tornam-se dois seres radicalmente heterogêneos a partir do momento em que irrompe a sexualidade. Sim, foi nesse ponto, de fato, com a sexualidade, que surgiu a reviravolta inovadora da contribuição freudiana. Se Janet não foi Freud, foi precisamente por nunca ter podido imaginar que o afeto que investia a idéia fixa fosse um afeto sexual.

•

A teoria de Freud sobre a cegueira histérica

O "ver" subconsciente de Janet
foi substituído, na teoria de Freud,
por "ver" inconscientemente o sexo.
A cegueira resulta de uma violenta repressão do eu contra
um inconsciente perverso: "Já que você tanto quer ver coisas
sexuais, pois bem, não verá mais absolutamente nada."

1. ❑ Freud conservou de Janet a teoria do inconsciente e da dissociação do eu, mas introduziu o fator revolucionário da sexualidade. Segundo Freud, o "ver" inconsciente era uma sensação de prazer sexual escopofílico obtida por ocasião da percepção do encanto sexual do objeto amoroso. Sublinhemos bem o duplo aspecto da sexualidade: existe o sexual no prazer de olhar (escopofilia) e no objeto olhado (encanto sexual). A partir do momento em que a sensação "ver" foi considerada uma sensação sexual, e em que o objeto foi olhado como um objeto sexual, toda a dinâmica da relação entre o eu, o consciente e o inconsciente se modificou e teve de ser inteiramente revista.

2. ❑ Já que o "ver" inconsciente é sexual, o eu histérico, em vez de tentar assimilar e sintetizar esse "ver", como acreditava Janet, tentaria, ao contrário, isolá-lo ainda mais e, numa palavra, recalcá-lo. Para Janet, o eu histérico adoecia por ser fraco, ao passo que, para Freud, como veremos, ele adoece por ser excessivamente ofuscado. Na verdade, o eu recalca tão violentamente a representação sexual que lhe é intolerável — "ver" — que ele elimina, definitivamente, qualquer função visual. A cegueira histérica se explicaria, segundo Freud, como o resultado de um recalcamento excessivamente desproporcional, efetuado por um eu encarniçado contra o "ver" sexual e intolerável. Um eu tão ultrajado diante da sexualidade, e pretendendo tão desastradamente opor-se a ela, que acabaria por cegar-se e prejudicar a si mesmo. A cegueira histérica seria o efeito observável e manifesto da luta subterrânea travada contra o sexual por um eu desesperado.

Se compararmos a teoria freudiana da psicogênese do sintoma de conversão às duas outras teorias da Escola Francesa, estaremos na presença de três concepções bem distintas do "eu" histérico: o eu demasiadamente permeável de Charcot, o eu excessivamente fraco de Janet e o eu desesperado demais de Freud.

•

A teoria de Lacan sobre a cegueira histérica. Nossa leitura

"Ver" inconscientemente o sexo, na teoria de Freud,
se traduziria, em Lacan, por:
"O eu é um olho erógeno que olha o sexo do Outro";
e se traduziria ainda por:
"O eu é um falo que olha o falo do Outro".
Por fim, também se traduziria por:
"O eu é um falo que olha
a potência/impotência do Outro."

Não empreenderemos aqui um exame exaustivo da teoria lacaniana do olhar, que já desenvolvemos em outro texto.[19] Vamos restringir-nos a destacar a contribuição de Lacan que, a nosso ver, é essencial para a concepção freudiana da cegueira histérica.

Em que consiste a particularidade do avanço lacaniano em comparação com as três teorias precedentes? Lacan fez uma modificação substancial do esquema proposto por Freud para explicar a cegueira histérica. Essa modificação pode ser resumida numa palavra: tornar fantástico o esquema freudiano. Que queremos dizer? Que Lacan interpretou o *"ver" inconscientemente o sexo*, proposto por Freud, como uma ação que se desenrola entre dois personagens principais de uma cena fantasística, o eu e o Outro. "Ver" o sexo no inconsciente, portanto, transformou-se em "o eu olha o sexo do Outro". Esses dois personagens, o eu e o Outro, são os atores da fantasia de castração. De um lado, temos um eu que não é mais o eu recalcador destacado por Freud, e sim um eu-olho-erógeno que capta visualmente a falha do Outro castrado. Diante dele, temos exatamente o Outro, personagem característico que, tendo sido castrado, não tem outro sexo a não ser o buraco deixado pela ausência do falo. Por isso, *"ver" o sexo no inconsciente* transforma-se em *olhos erógenos olham o buraco do Outro*. Se seguirmos a lógica da fantasia de castração, que deixamos bem clara nos capítulos anteriores, diremos que o eu-olho-erógeno não apenas percebe a falha no Outro, mas se identifica com o objeto falo de que o Outro foi privado. Decorre daí que o eu-falo percebe visualmente a falta de falo no Outro. Se traduzirmos esta última formulação em termos mais gerais, concluiremos dizendo que o próprio eu é um sexo à procura da falha do Outro — seja essa falha uma impotência ou um excesso de potência.

Aos olhos do histérico, o sexo do Outro não é nem o pênis nem a vagina, mas sua falha, revelada por uma fraqueza demasiadamente grande ou por um excesso de potência. O que comove o histérico não é o encanto do sexual (no sentido do genital), mas o encanto que emana da força ou, ao contrário, da fragilidade do parceiro. Freud afirmou que o olho cego do histérico não via na consciência, mas via no inconsciente o encanto erótico do outro amado. Com Lacan, propomos que o olho cego do histérico é seduzido pelo encanto erótico que se desprende de uma outra pessoa que não é nem viril nem feminina, mas falha ou onipotente.

•

EXCERTOS DAS OBRAS DE S. FREUD E J. LACAN SOBRE A HISTERIA

SELEÇÃO BIBLIOGRÁFICA SOBRE A HISTERIA

Excertos das Obras de S. Freud e J. Lacan sobre a Histeria

A causa da histeria não é o trauma de uma agressão externa, mas o vestígio psíquico deixado pela agressão. É esse traço, excessivamente carregado de afeto, isolado e doloroso para o eu, que deve ser considerado como estando na origem do sintoma histérico

"O trauma psíquico e, posteriormente, sua lembrança agem à maneira de um corpo estranho que, muito depois de sua irrupção, continua a desempenhar um papel ativo."[1] *Freud.*

•

A origem da histeria é o vestígio psíquico de um trauma de conteúdo sexual

"Afirmo, pois, que na base de cada caso de histeria encontramos um ou vários eventos de uma experiência sexual prematura."[2] *Freud.*

•

A histeria é uma doença provocada por uma defesa precária do eu: o recalcamento. Por isso é que ela se chama "histeria de defesa"

"A irrupção da histeria remonta quase que invariavelmente a um conflito psíquico, a uma representação irreconciliável que põe em ação *a defesa* do eu e provoca o recalcamento." [3] *Freud.*

•

"Para que se forme um sintoma histérico, tem que haver um esforço defensivo contra uma representação dolorosa."[4] *Freud.*

•

A conversão é um fracasso do recalcamento; ela consiste na transformação de uma sobrecarga energética que passa do estado psíquico (representação irreconciliável) para o estado somático (sofrimento corporal)

"Na histeria, a representação irreconciliável torna-se inofensiva pelo fato de sua soma de excitações ser transposta para o corporal, processo para o qual proponho o nome de *conversão*."[5] *Freud.*

•

Três autores, na história da histeria, afirmam o quanto os sintomas somáticos de conversão não obedecem a nenhuma lei da anatomia ou da fisiologia do corpo, mas dependem de uma outra anatomia eminentemente imaginária

Janet: "Essas anestesias [histéricas] em segmentos geométricos não correspondem a regiões anatômicas enervadas por um tronco nervoso, mas a órgãos inteiros, tal como são concebidos e limitados pelo pensamento popular. Têm a forma de uma manga de casaco, de um pernil ou de uma manguinha." [6]

Freud: "Afirmo (...) que a lesão das paralisias histéricas deve ser inteiramente independente da anatomia do sistema nervoso, já que a histeria se comporta, em suas paralisias e outras manifestações, como se a anatomia não existisse, ou como se não tivesse nenhum conhecimento dela.

(...) Ela [a histérica] toma os órgãos no sentido vulgar, popular, do nome que eles trazem: a perna é perna até a inserção do quadril, e o braço é a extremidade superior tal como se desenha por baixo da roupa."[7]

Lacan: "(...) não se faz uma paralisia, nem uma anestesia, segundo as vias e a topografia dos ramos nervosos. Nada na anatomia nervosa abrange o que quer que seja do que se produz nos sintomas histéricos. Porque é sempre de uma anatomia imaginária que se trata.''[8]

•

O sofrimento vivido pelo histérico num sintoma de conversão equivale à satisfação de um orgasmo; e a parte do corpo que é sede da conversão adquire o valor de um órgão sexual

''Inúmeras sensações e enervações que, a título de sintomas da histeria, se localizam em órgãos que aparentemente não têm nenhuma relação com a sexualidade (...) constituem um número igual de satisfações de desejos sexuais perversos.''[9] *Freud.*

•

''[A histeria procura] substituir os órgãos genitais por outros órgãos, que passam a se comportar como órgãos genitais substitutos (...), [órgãos que], além de sua função normal, desempenhariam também um papel sexual, erógeno, que às vezes se torna dominante.''[10] *Freud.*

•

''Os sintomas representam a atividade sexual dos doentes.''[11] *Freud.*

•

O sintoma de conversão desaparece ao assumir um valor simbólico produzido pela escuta do psicanalista

''Resolvemos os sintomas buscando sua significação psíquica.''[12] *Freud.*

•

Freud modificou sua teoria etiológica da histeria: a origem da histeria deixou de ser o trauma, passando a ser uma fantasia

''A ênfase não recai mais no elemento 'traumático' das experiências sexuais infantis (...). Foi somente com a introdução do elemento das fantasias histéricas que a textura da neurose e sua relação com a vida dos doentes se tornaram transparentes.''[13] *Freud.*

•

''Os sintomas histéricos não são nada além de fantasias inconscientes que encontram, por *conversão*, uma forma figurada.''[14] *Freud.*

•

A vida sexual do histérico é um paradoxo que faz sofrer: um corpo muito erotizado coexiste com uma zona genital anestesiada

''(...) o enigma contraditório suscitado pela histeria (...) [é] o par de opostos constituído por uma necessidade sexual excessiva e uma rejeição exagerada da sexualidade.''[15] *Freud.*

•

''Tomo por histérica, sem hesitação, qualquer pessoa em que uma oportunidade de excitação sexual provoque (...) nojo, quer essa pessoa apresente ou não sintomas somáticos.''[16] *Freud.*

•

Que é o asco? É uma recusa brutal da sexualidade genital, efetuada, não no nível genital (vaginismo etc.), mas no nível digestivo. A boca se torna um sexo que vomita, e o parceiro sexual se reduz a um objeto repulsivo

''É na função em que o objeto sexual desliza rumo ao precipício da realidade, e se apresenta como um pacote de carne, que surge essa forma de dessexualização tão manifesta que se chama, no histérico, reação de asco.''

''Não tomei ao acaso a função do asco. Há, realmente, duas grandes vertentes do desejo, tal como ele pode surgir na queda da sexualização — de um lado, o asco gerado pela redução do parceiro sexual a uma função de realidade qualquer, e de outro, aquilo que chamei, a propósito da função escópica, a *invidia*, a inveja. A inveja é algo diferente da pulsão escópica, e o asco é diferente na pulsão oral.''[17] *Lacan.*

•

Para Lacan, o desejo do histérico é, antes de mais nada, um desejo de insatisfação. Eis aqui uma confirmação de Freud

''Aquilo a que [os histéricos] aspiram mais ardentemente em seus devaneios é aquilo de que fogem, tão logo a realidade o oferece a eles, e é quando já não há nenhuma realização a temer que eles se entregam com maior boa vontade a suas fantasias.''[18] *Freud.*

•

O histérico adota, com surpreendente facilidade, tanto o papel do homem quanto o da mulher, mas principalmente o papel do terceiro personagem através de quem o conflito surge. Ele encena dramas, imiscui-se em conflitos e, depois, quando o pano desce, apercebe-se, com a dor da solidão, de que tudo não passou de um jogo do qual ele é a parte excluída

''A identificação é um fator muito importante no mecanismo da histeria. É graças a esse meio que os doentes conseguem exprimir, através de suas manifestações mórbidas, os estados internos de um grande número de pessoas, e não apenas os deles; podem como que sofrer por uma multidão de pessoas e desempenhar sozinhos todos os papéis de um drama.''[19] *Freud.*

•

Jacques Lacan soube resumir numa frase, difícil mas notável, o poder do histérico de estender para fora, muito além dos limites de

nosso corpo real, a presença intensa do corpo libidinal. A libido, aqui, é um órgão que, à maneira de um braço flexível e extensível, leva até muito longe o corpo libidinal que Lacan chama de "o ser do organismo"

"A libido é a laminazinha que o ser do organismo desliza até seu limite verdadeiro, que vai mais longe que o do corpo. Essa lâmina é órgão por ser instrumento do organismo; às vezes, é como que flexível, quando o histérico brinca de experimentar sua extrema elasticidade."[20] *Lacan.*

•

A histérica ignora o que é o sexo feminino e, para sabê-lo, passa pela intermediação do pai, portador do pênis. A histérica se instala no desejo do pai, para saber, desse lugar, o que a mulher tem de desejável, e para procurar sentir a mesma sensação experimentada pelo pai por possuir um pênis. Ela acredita, assim, conseguir simbolizar, talvez, o órgão sexual feminino

"Quando Dora se descobre a se interrogar sobre *o que é uma mulher*, ela tenta simbolizar o órgão feminino como tal. Sua identificação com o homem, portador do pênis, lhe é nessa ocasião um meio de se aproximar dessa definição que lhe escapa. O pênis lhe serve literalmente de instrumento imaginário para aprender o que ela não consegue simbolizar."[21] *Lacan.*

•

"*Que é ser uma mulher*, e, especificamente, *que é um órgão feminino?* Observem que aí nos encontramos diante de alguma coisa singular — a mulher [histérica] se interroga sobre o que é ser mulher, tal como o sujeito [histérico] masculino se interroga sobre o que é ser mulher."[22] *Lacan.*

•

"(...) o desejo da histérica (...) é de sustentar o desejo do pai (...)."[23] *Lacan.*

Referências bibliográficas dos excertos citados

1. "Le Mécanisme Psychique des Phénomènes Hystériques", in *Études sur l'Hystérie*, P.U.F., 1981, p. 4 ["O Mecanismo Psíquico dos Fenômenos Histéricos", in *Estudos sobre a Histeria*, Edição Standard Brasileira das Obras Psicológicas Completas de Sigmund Freud (*E.S.B.*), vol. II, Rio de Janeiro, Imago, 2ª edição revista].

2. "L'Étiologie de l'Hystérie", in *Névrose, Psychose et Perversion*, P.U.F., 1978, p. 95 ["A Etiologia da Histeria", *E.S.B.*, vol. III, 2ª ed. revista].

3. *Ibid.*, p. 102 [ed. francesa].

4. *Ibid.*, p. 104 [ed. francesa].

5. "Les Psychonévroses de Défense", in *Névrose, Psychose et Perversion, op.cit.*, p. 4 ["As Neuropsicoses de Defesa", *E.S.B.*, vol. III, 2ª. ed. revista]

6. *État Mental des Hystériques*, vol. I, Rueff et Cie., 1894, p. 111.

7. "Paralysies Motrices Organiques et Hystériques", in *Résultats, Idées, Problèmes*, I, P.U.F., 1984, p. 55 ["Considerações para o Estudo Comparativo das Paralisias Motoras Orgânicas e Histéricas", *E.S.B.*, vol. I, 2ª ed. revista].

8. *Le Séminaire*, livro III, *Les Psychoses* (texto estabelecido por Jacques-Alain Miller), Jacques Lacan, col. "Le Champ Freudien". © Seuil, 1981, p. 201 [*O Seminário*, livro 3, *As Psicoses*, Rio, Zahar, 2ª ed. revista, 1988].

9. *Introduction à la Psychanalyse*, Payot, 1988, p. 288 [*Conferências Introdutórias sobre Psicanálise*, *E.S.B.*, vol. XVI, 1ª ed.]

10. *Ibid.*, p. 288 [da ed. francesa].

11. "Mes Vues sur le Rôle de la Sexualité dans l'Étiologie des Névroses", in *Résultats, Idées, Problèmes*, I, *op. cit.*, p. 120 ["Meus Pontos de Vista sobre o Papel Desempenhado pela Sexualidade na Etiologia das Neuroses, *E.S.B.*, vol. III, 2ª ed. revista].

12. *Cinq Psychanalyses*, P.U.F., 1981, p. 28 ["Fragmento da Análise de um Caso de Histeria", *E.S.B.*, vol. II, 2ª ed. revista].

13. "Mes Vues sur le Rôle de la Sexualité dans l'Étiologie des Névroses", in *Résultats, Idées, Problèmes*, I, *op. cit.*, p. 117 ["Meus Pontos de Vista sobre o Papel Desempenhado pela Sexualidade na Etiologia das Neuroses", *op. cit.*].

14. "Les Fantasmes Hystériques et leur Relation à la Bisexualité", in *Névrose, Psychose et Perversion, op. cit.*, p. 151 ["As Fantasias Histéricas e sua Relação com a Bissexualidade", *E.S.B.*, vol. IX, 1ª ed.]

15. *Trois Essais sur la Théorie Séxuelle*, S. Freud, trad. de Philippe Koeppel, © Gallimard, 1987, pp. 78-79 [*Três Ensaios sobre a Teoria da Sexualidade, E.S.B.*, vol. VII, 2ª ed. revista].

16. *Cinq Psychanalyses, op. cit.*, p. 18 [''Fragmento da Análise de um Caso de Histeria'', *op. cit.*]

17. *Le Séminaire*, livro XI, *Les Quatre Concepts Fondamentaux de la Psychanalyse* (texto estabelecido por Jacques-Alain Miller), Jacques Lacan, col. ''Le Champ Freudien'' © Seuil, 1973, p. 157 [*O Seminário*, livro 11, *Os Quatro Conceitos Fundamentais da Psicanálise*, Rio, Zahar, 3ª ed., 1988].

18. *Cinq Psychanalyses, op. cit.*, p. 83 [''Fragmento da Análise de um Caso de Histeria'', *op. cit.*].

19. *L'Interprétation des Rêves*, P.U.F., 1967, p. 136 [*A Interpretação dos Sonhos, E.S.B.*, vols. IV e V, 2ª ed. revista].

20. *Écrits*, Seuil, 1966, p. 848.

21. *Le Séminaire*, livro III, *op. cit.*, p. 200 [*O Seminário*, livro 3, *op.cit.*].

22. *Ibid.*, p. 193 [da ed. francesa].

23. *Le Séminaire*, livro XI, *op.cit.*, p. 38 [*O Seminário*, livro 11, *op.cit.*].

Seleção Bibliográfica sobre a Histeria

FREUD, S.

1892 — "Le Mécanisme Psychique de Phénomènes Hystériques", in *Études sur l'Hystérie*, P.U.F., 1981, p. 4 ["O Mecanismo Psíquico dos Fenômenos Histéricos", in *Estudos sobre a Histeria*, Edição Standard Brasileira das Obras Psicológicas Completas de Sigmund Freud (*E.S.B.*), vol. II, 2ª ed. revista].

1893 — "Quelques Considérations pour une Étude Comparative des Paralysies Motrices Organiques et Hystériques", in *Résultats, Idées, Problèmes*, I, P.U.F., 1984, p. 55 ["Considerações para o Estudo Comparativo das Paralisias Motoras Orgânicas e Histéricas", *E.S.B.*, vol. I, 2ª ed. revista].

1894 — "Les Psychonévroses de Défense", in *Névrose, Psychose et Perversion*, P.U.F., 1978, pp. 4-5, 9-10 ["As Neuropsicoses de Defesa", *E.S.B.*, vol. III, 2ª ed. revista].

1895 — "Manuscrit H", in *La Naissance de la Psychanalyse*, P.U.F., 1979, pp. 101-102 ["Rascunho H", in "Excertos dos Documentos Dirigidos a Fliess", *E.S.B.*, vol. I, 2ª ed. revista].

1896 — "L'Étiologie de l'Hystérie", in *Névrose, Psychose et Perversion, op.cit.*, pp. 85-86, 88-89, 91, 102-105 e 107-109 ["A Etiologia da Histeria", *E.S.B.*, vol. III, 2ª ed. revista].

— "Lettre nº 52 du 6-12-1896", in *La Naissance de la Psychanalyse, op.cit.*, p. 159 [Carta nº 52, "Excertos dos Documentos Dirigidos a Fliess, *op.cit.*].

1897 — ''Lettre nº 55 du 11-1-1897'', *ibid.*, p. 165 [Carta nº 55, ''Excertos dos Documentos Dirigidos a Fliess'', *op.cit.*].

— ''Lettre nº 57 du 21-1-1897'', *ibid.*, p. 167 [Carta nº 57, ''Excertos dos Documentos Dirigidos a Fliess, *op.cit.*].

1899 — *L'Interprétation des Rêves*, P.U.F., 1980, pp. 136, 231 e 560-562 [*A Interpretação dos Sonhos, E.S.B.*, vols. IV e V, 2ª ed. revista].

1904 — *Cinq Leçons sur la Psychanalyse*, Payot, 1989, pp. 16, 18 e 24 [*Cinco Lições de Psicanálise, E.S.B.*, vol. XI, 1ª ed.].

1905 — ''Fragment d'une Analyse d'Hystérie (Dora)'', in *Cinq Psychanalyses*, P.U.F., 1981, pp. 18, 28-29 e 83 [''Fragmento da Análise de um Caso de Histeria'', *E.S.B.*, vol. VII, 2ª ed. revista].

— *Trois Essais sur la Théorie Sexuelle*, Gallimard, 1987, pp. 60 e 77-80 [*Três Ensaios sobre a Teoria da Sexualidade, E.S.B.*, vol. VII, 2ª ed. revista].

— ''Mes Vues sur le Rôle de la Sexualité dans l'Étiologie des Névroses'', in *Résultats, Idées, Problèmes*, I, *op. cit.*, pp. 115, 117 e 119-120 [''Meus Pontos de Vista sobre o Papel Desempenhado pela Sexualidade na Etiologia das Neuroses'', *E.S.B.*, vol. III, 2ª ed. revista].

1907 — ''Lettre du 5 juillet 1907 à K. Abraham'', in *Correspondance*, Sigmund Freud e Karl Abraham, Gallimard, 1969, p. 10.

1908 — ''Les Fantasmes Hystériques et leur Relation à la Bisexualité'', in *Névrose, Psychose et Perversion, op.cit.*, pp. 149-155 [''As Fantasias Histéricas e sua Relação com a Bissexualidade'', *E.S.B.*, vol. XI, 1ª ed.].

1909 — ''Considérations Générales sur l'Attaque Hystérique'', *ibid.*, pp. 162-165 [''Algumas Observações Gerais sobre os Ataques Histéricos'', *E.S.B.*, vol. IX, 1ª ed.].

1910 — ''La Psychologie de la Vie Amoureuse'', in *La Vie Sexuelle*, P.U.F., 1970, pp. 78-79 [''Contribuição à Psicologia do Amor'', I, *E.S.B.*, vol. XI, 1ª ed.].

1913 — *Totem et Tabou*, Payot, 1973, pp. 121-123 [*Totem e Tabu, E.S.B.*, vol. XIII, 1ª ed.].

— "La Disposition à la Névrose Obsessionnelle. Une Contribution au Problème du Choix de la Névrose", in *Névrose, Psychose et Perversion, op.cit.*, p. 197 ["A Disposição à Neurose Obsessiva", *E.S.B.*, vol. XII, 1ª ed.].

1915 — "Le Refoulement", in *Métapsychologie*, Gallimard, 1940, pp. 60-61 ["Repressão", *E.S.B.*, vol XV, 1ª ed.].

1917 — *Introduction à la Psychanalyse*, Payot, 1989, pp. 240, 288 e 323 [*Conferências Introdutórias sobre Psicanálise*, *E.S.B.*, vols. XV e XVI, 1ª ed.].

1918 — "La Psychologie de la Vie Amoureuse", in *La Vie Sexuelle* ["O Tabu da Virgindade" (Contribuições à Psicologia do Amor III), *E.S.B.*, vol. XI, 1ª ed.].

1926 — *Inhibition, Symptôme et Angoisse*, P.U.F., 1951, pp. 45, 86-87 e 99-101 [*Inibições, Sintomas e Ansiedade, E.S.B.*, vol. XX, 1ª ed.].

LACAN, J.

"Quelques Réflexions sur l'Égo", in *International Journal of Psychoanalysis*, 1953, vol. 34, pp. 11-17.

"Actes du Congrès de Rome", in *La Psychanalyse*, 1, P.U.F., 1956, p. 210.

Le Séminaire, Livro I, *Les Écrits Techniques de Freud*, Seuil, 1975, p. 208 [*O Seminário*, livro 1, *Os Escritos Técnicos de Freud*, Rio, Zahar, 3ª ed., 1989].

Le Séminaire, livro III, *Les Psychoses*, Seuil, 1981, pp. 193 e 195-205 [*O Seminário*, livro 3, *As Psicoses*, Rio, Zahar, 2ª ed. revista, 1988].

La Relation d'Objet (seminário inédito), aulas de 9, 16 e 23 de janeiro de 1957.

Les Formations de l'Inconscient (seminário inédito), aulas de 7, 14 e 21 de maio de 1958, 11 e 18 de junho de 1958.

Le Désir et son Interprétation (seminário inédito), aula de 10 de junho de 1959.

Le Transfert (seminário inédito), aulas de 12 e 19 de abril de 1961 e 21 de junho de 1961.

L'Identification (seminário inédito), aulas de 20 de dezembro de 1961, 14 e 23 de março, 4 de abril e 20 de junho de 1962.

L'Angoisse (seminário inédito), aulas de 5 a 19 de dezembro de 1962 e 9 de janeiro de 1963.

Le Séminaire, livro XI, *Les Quatre Concepts Fondamentaux de la Psychanalyse*, Seuil, 1973, pp. 16-17, 35, 37-38 e 157 [*O Seminário*, livro 11, *Os Quatro Conceitos Fundamentais da Psicanálise*, Rio, Zahar, 3ª ed., 1988].

Problèmes Cruciaux pour la Psychanalyse (seminário inédito), aulas de 5 de maio e 16 de junho de 1965.

L'Objet de la Psychanalyse (seminário inédito), aula de 27 de abril de 1966.

Écrits, Seuil, 1966, pp. 108, 303, 452, 682, 731, 824 e 848.

L'Envers de la Psychanalyse (seminário inédito), aulas de 3 e 17 de dezembro de 1969, 14 de janeiro, 11 e 18 de fevereiro, 17 de março e 11 de junho de 1970.

Scilicet, 2/3, Seuil, 1970, pp. 88-90, 97 e 396.

D'Un Discours qui ne Serait pas du Semblant (seminário inédito), aula de 19 de maio de 1971.

Jacques Lacan à Louvain (conferência inédita), 13 de outubro de 1972.

Télévision, Seuil, 1973, p. 36.

Scilicet, 5, Seuil, 1975, p. 15.

Freud à Jamais (entrevista inédita), 1974.

"Joyce le Symptôme", in *Joyce et Paris*, Éditions du C.N.R.S., 1979, p. 16.

"Propos sur l'Hystérie", conferência proferida em Bruxelas em 26 de fevereiro de 1977, publicada in *Quarto*, nº 1, 1981.

•

ABRAHAM, K., *Oeuvres Complètes*, II, Payot, 1966, pp. 298-313.

BENOIT, P., "Le Saut du Psychique au Somatique", in *Psychiatrie Française*, nº 5/85.

BONNET, G., "Hystérie et Perversion", in *Voir-Être Vu*, P.U.F., 1981, I, pp. 108-109.

"Hystérie et Exhibitionnisme Pervers", in *op.cit.*, II, pp. 45-49.

BRENMAN, E., "Hysteria", in *Int. Journ. Psycho-Anal.*, 1985, 66, p. 423.

BRUN, D., *La Maternité et le Féminin*, Denoël, 1990, pp. 128-135 (histeria e sedução).

CARTELS CONSTITUANTS de l'Analyse Freudienne, 1, 1985, "Au Lieu de l'Hystérie", jornada de estudos.

CHARCOT, J.-M., "Grande Hystérie ou Hystéro-Épilepsie", in *Leçons du Mardi*, 1887-1888, pp. 119-122.

"Hystérie et Neurasthénie chez l'Homme", in *op.cit.*, pp. 62-65.

"A Propos de l'Hystéro-Épilepsie", *Oeuvres Complètes*, vol. I, pp. 367 ss., e vol. III, p. 451.

CHEMANA, R., "A Propos du Discours de l'Hystérique", in *Lettres de l'École Freudienne de Paris*, 21, 1977, pp. 311-326.

DELEUZE, G., *Francis Bacon. Logique de la Sensation*, Éd. de la Différence, 1981.

DENIKER, P. e LOO, H., "Les Formes Modernes de l'Hystérie", in *Revue du Praticien*, junho de 1978, pp. 2503 ss.

DOLTO, F., "Hystérie et Psychosomatique", in *L'Image Inconsciente du Corps*, Seuil, pp. 352-366.

DOR, J., "Fonction Paternelle et Structure Hystérique", in *Le Père et sa Fonction en Psychanalyse*, Point Hors Ligne, 1989, pp. 79-105 [*O Pai e sua Função em Psicanálise*, Rio, Zahar, 1991].

FAIRBAIRN, R., "Observations on the Nature of Hysterical States", in *Brit. Journ. of Med. Psychol.*, nº 27, 1954, pp. 105-125.

FALADÉ, S., "Repères Structurels des Névroses, Psychoses et Perversions", in *Esquisses Psychanalytiques,* nº 7, 1987, pp. 29-51.

FENICHEL, O., *La Ihéorie Psychanalytique des Névroses,* P.UF., 1953 [*Teoria Psicanalítica das Neuroses*, Rio, Atheneu, 1981].

FREYMANN, J.-R., "L'A-structure Anorexique", in *Apertura,* vol. II, 1988, pp. 63-75.

GREEN, A., "Névrose Obsessionelle et Hystérie. Leur Relation chez Freud et Depuis", in *Revue Française de Psychanalyse*, 5-6, 1964, pp. 678 ss.

HARARI, R., *Fantasma: ¿Fin del Análisis?*, Buenos Aires, Nueva Vision, 1990.

ISRAEL, L., L'Hystérique, le Sexe et le Médecin, Masson, 1976.

JANET, P., "Un Cas d'Hémianopsie Hystérique", in *Archives de Neurologie*, nº 99, 1895, pp. 337 ss.

État Mental des Hystériques, Rueff et Cie., 1894, I, p. 260; II, pp. 12-13.

LAPLANCHE, J., "Panel on 'Hysteria Today' ", in *Int. Journ. of Psycho-Anal.*, 1974, 55, pp. 459-468.

LOEWENSTEIN, R. e PARCHEMINEY, G., "La Conception Psychanalytique de l'Hystérie", in *L'Encéphale*, 1933, pp. 312-330.

MALDAVSKY, D., "Metapsicologia de la Histeria de Conversion", in *Revista de Psicoanalisis*, vol. XLIV, 3, 1987.

MILLOT, C., *Nobodaddy, l'Hystérie dans le Siècle*, Point Hors Ligne, 1988 [*Nobodaddy, A Histeria no Século*, Rio, Zahar, 1989].

MOEBIUS, P.-J., "Über den Begriff der Hysterie", in *Zentralblatt für Nervenheilkunde*, von D. Erlenmayer, XI, 1888, nº 3.

NASIO, J., *Tratado de Gastroenterologia*, vol. III, Barcelona, Salvat, 1963.

NASIO, J.-D., *Les Yeux de Laure. Le Concept d'Objet* a *dans la Théorie de Jacques Lacan*, Aubier, 1987, pp. 11-12 e 100-106.

PERRIER, F., "Structure Hystérique et Dialogue Analytique", in *La Chaussée d'Antin*, vol. II, 10/18, 1978, pp. 74-78.

POMMIER, G., "Le Fantasme dans la Névrose Obsessionnelle et dans l'Hystérie", in *Le Dénouement d'une Analyse*, Point Hors Ligne, 1987, pp. 121-144 [*O Desenlace de uma Análise*, Rio, Zahar, 1990].

REVISTA DE PSICOANALISIS, vol. XLIII, 5, 1986, "Acerca de la Histeria", número dedicado à histeria.

REVUE FRANÇAISE DE PSYCHANALYSE, 1, 1985, "De la Névrose d'Angoisse à l'Hystérie", número dedicado à histeria.

ROSOLATO, G., "L'Hystérie. Structures Psychanalytiques" in *L'Évolution Psychiatrique*, vol. XXVII, 1962, pp. 225-258.

"Introduction à l'Étude de l'Hystérie", in *Encyclopédie Médico-Chirurgicale*, 10, 1962, pp. 1-6.

"L'Hystérie: Névrose d'Inconnu", in *Topique*, 1988, nº 41, pp. 19-47.

THIS, B., *Le Père, Acte de Naissance*, Seuil, 1984.

THOMAS, M.-C., "Anatomie de l'Hystérique", in *Le Discours Psychanalytique*, 1, 1981, pp. 9-10.

WIDLOCHER, D., "Condensation et Régression dans l'Attaque d'Hystérie", in *Revue Française de Psychanalyse*, 3, 1973, pp. 439-450.

"Le Mécanisme de la Conversion", in *Revue du Praticien*, 1982-32, 13, pp. 897-906.

WINTER, J.-P., "L'Hystérie Masculine", I e II, in *Carnet de Psychanalyse de Louvain*, nºs 4 e 5, Presses Universitaires de Louvain, 1983.

WISDOM, J.-O., "A Methodological Approach to the Problem of Hysteria", in *Int. Journ. of Psycho-Anal.*, 12, 1961, pp. 224-237.

Notas

1. J. Lacan, ''Propos sur l'Hystérie'', conferência proferida em Bruxelas em 1977, publicada in *Quarto*, nº. 2 1981.

2. P. Benoit, ''Le Saut du Psychique au Somatique'', in *Psychiatrie Française*, 5, 85, pp. 13-25.

3. S. Freud, *Cinq Psychanalyses*, P.U.F., 1981, p. 18 [''Fragmento da Análise de um Caso de Histeria'', *E.S.B.*, Rio, Imago, vol. VII, 2ª ed. revista].

4. S. Freud, *Trois Essais sur la Théorie Sexuelle*, Gallimard, 1987, p. 60 [*Três Ensaios sobre a Teoria da Sexualidade*, *E.S.B.*, vol. VII, 2ª ed. revista].

5. O conceito de abertura foi basicamente desenvolvido por X. Audouard, in *La Non-Psychanalyse ou l'Ouverture*, L'Étincelle, 1984.

6. Para encontrar uma formulação mais desenvolvida da fantasia feminina de castração, podemos reportar-nos a J.-D. Nasio, *Enseignement de 7 Concepts Cruciaux de la Psychanalyse*, Rivages, 1988, pp. 23-51 [*Lições sobre os 7 Conceitos Cruciais da Psicanálise*, Rio, Zahar, 1989].

7. *Théorie et Pratique de la Psychanalyse*, Payot, 1969, pp. 399-405, 410, 426-427, 443, 446-448 e 450-451.

8. Certamente, a menina investiria seus órgãos *internos* da mesma maneira que o menino investe seu órgão peniano *externo*. Mas resta a interessante questão de saber qual a diferença existente entre um e outro na maneira de perceber e, por conseguinte, de investir seus próprios órgãos. É como se a menina possuísse uma percepção mais aguçada das sensações internas (percepção proprioceptiva) do que o menino; e talvez, inversamente, como se o menino fosse mais sensível do que a menina na percepção das formas externas.

9. O leitor que deseje aprofundar a relação topológica entre o dentro e o fora poderá consultar J.-D. Nasio, *Les Yeux de Laure. Le Concept d'Objet* a *dans la Théorie de J. Lacan*, Aubier, 1987, pp. 197-202.

10. Quanto ao problema da fobia, o leitor poderá consultar o trabalho de Chantal Maillet, rico em proposições clínicas, dedicado à fobia: ''Phobies'', in *Patio*, 10, 1988, Éd. de l'Éclat.

11. J.-D. Nasio, ''L'Inconscient, le Transfert et l'Interprétation du Psychanalyste: une Vue Lacanienne'', in *Psychanalyse à l'Université*, 1985, vol. 10, nº 37, pp. 87-96. [''O Inconsciente, a Transferência e a Interpretação do Psicanalista'', trad. de Plínio Leite dos Santos Jr. in *Revisão* 3, aoutra ed., 1985]

12. Quanto ao problema do término da análise, o leitor poderá se reportar à excelente coletânea das intervenções do colóquio realizado em maio de 1987 na Sorbonne, *Fin d'une Analyse, Finalité de la Psychanalyse*, Mouvement du Coût Freudien, Solin, 1988. [*Fim de uma Análise, Finalidade da Psicanálise*, Rio, Zahar, no prelo]

13. J.-D. Nasio, *Leçons sur la Technique Psychanalytique* (seminário inédito), 1989; *La Guérison* (seminário inédito), 1990.

14. J. Lacan, *Le Transfert* (seminário inédito), aula de 19 de abril de 1961.

15. Cf. as posições teóricas de Eric Brenman e Herbert Rosenfeld, in J. Laplanche, "Panel on 'Hysteria Today' ", *Int. Journ. of Psycho-Anal.*, 1974, 55, pp. 459-468.

16. Essa coisa sexualmente desejável em que se transforma a Sra. K. é chamada *falo* pela psicanálise. Se retomarmos a teoria lacaniana, a expressão completa será "falo imaginário"; imaginário porque a coisa em que a Sra. K. se converte é o lugar sexual — região genital — percebido na imagem do outro. Para confirmá-lo, vejamos uma frase de Lacan: "(...) o falo, ou seja, a imagem do pênis, é negativizado em seu lugar na imagem especular [do outro]" (*Écrits*, p. 822).

17. Essa resposta foi extraída de uma entrevista com N.-E. Thévenin, publicada in *Futur Antérieur*, nº 2, 1990.

18. "Le Trouble Psychogène de la Vision dans la Conception Psychanalytique", in *Névrose, Psychose et Perversion*, P.U.F., 1978, pp. 167-173 ["A Concepção Psicanalítica da Perturbação Psicogênica da Visão", in *E.S.B.*, vol. XI, 1ª ed.].

19. J.-D. Nasio, *Le Regard en Psychanalyse*, I e II (seminário inédito), 1986 e 1987.

Índice Onomástico

QUADRO-SÍNTESE

A vida sexual do histérico

As fantasias histéricas

A diferença entre as fantasias histérica, obsessiva e fóbica

Retratos imaginários do histérico

O tratamento psicanalítico da histeria e o término da análise

•

Pontuações

Coleção Transmissão da Psicanálise

Não Há Relação Sexual
Alain Badiou e Barbara Cassin

Fundamentos da Psicanálise de Freud a Lacan
(4 volumes)
Marco Antonio Coutinho Jorge

Histeria e Sexualidade

Transexualidade
Marco Antonio Coutinho Jorge; Natália Pereira Travassos

Por Amor a Freud
Hilda Doolittle

A Criança do Espelho
Françoise Dolto e J.-D. Nasio

O Pai e Sua Função em Psicanálise
Joël Dor

Introdução Clínica à Psicanálise Lacaniana
Bruce Fink

A Psicanálise de Crianças e o Lugar dos Pais
Alba Flesler

Freud e a Judeidade
Betty Fuks

A Psicanálise e o Religioso
Phillipe Julien

O Que É Loucura?

Gozo

Simplesmente Bipolar
Darian Leader

Freud e a descoberta do inconsciente
Octave Mannoni

5 Lições sobre a Teoria de Jacques Lacan

9 Lições sobre Arte e Psicanálise

Como Agir com um Adolescente Difícil?

Como Trabalha um Psicanalista?

A Depressão É a Perda de uma Ilusão

A Dor de Amar

A Dor Física

A Fantasia

Os Grandes Casos de Psicose

A Histeria

Introdução à Topologia de Lacan

Introdução às Obras de Freud, Ferenczi, Groddeck, Klein, Winnicott, Dolto, Lacan

Lições sobre os 7 Conceitos Cruciais da Psicanálise

O Livro da Dor e do Amor

O Olhar em Psicanálise

Os Olhos de Laura

Por Que Repetimos os Mesmos Erros?

O Prazer de Ler Freud

Psicossomática

O Silêncio na Psicanálise

Sim, a Psicanálise Cura!
J.-D. Nasio

Freud e a descoberta do inconsciente
Octave Mannoni

Guimarães Rosa e a Psicanálise
Tania Rivera

A Análise e o Arquivo

Dicionário Amoroso da Psicanálise

Em Defesa da Psicanálise

O Eu Soberano

Freud — Mas Por Que Tanto Ódio?

Lacan, a Despeito de Tudo e de Todos

O Paciente, o Terapeuta e o Estado

A Parte Obscura de Nós Mesmos

Retorno à Questão Judaica

Sigmund Freud na sua Época e em Nosso Tempo
Elisabeth Roudinesco

O Inconsciente a Céu Aberto da Psicose
Colette Soler

ESTA OBRA FOI COMPOSTA POR TOPTEXTOS EDIÇÕES GRÁFICAS EM
TIMES NEW ROMAN E IMPRESSA EM PROCESSO SOB DEMANDA PELA UM LIVRO
SOBRE PAPEL OFFSET PARA A EDITORA SCHWARCZ A PARTIR DE 2024